LINGUAGEM CORPORAL

VITOR SANTOS

LINGUAGEM CORPORAL

Guia prático para analisar e interpretar pessoas

Copyright © 2021 by Vitor Ricardo Américo dos Santos

O selo Fontanar foi licenciado para a Editora Schwarcz S.A.

Grafia atualizada segundo o Acordo Ortográfico da Língua Portuguesa de 1990, que entrou em vigor no Brasil em 2009.

CAPA Eduardo Foresti/ Foresti Design

FOTO DE CAPA Vinicius Santos

PREPARAÇÃO Adriane Piscitelli e Fernanda Castro

REVISÃO Renata Lopes Del Nero e Luciane H. Gomide

Dados Internacionais de Catalogação na Publicação (CIP)
(Câmara Brasileira do Livro, SP, Brasil)

Santos, Vitor
    Linguagem corporal: Guia prático para analisar e interpretar pessoas / Vitor Santos. — 1ª ed. — São Paulo : Fontanar, 2022.

    Bibliografia.
    ISBN 978-85-8439-252-0

    1. Comunicação interpessoal 2. Comunicação não verbal 3. Linguagem corporal 1. Título.

21-94216   CDD-153.69

Índice para catálogo sistemático:
1. Linguagem corporal : Comunicação não verbal : Psicologia 153.69

Cibele Maria Dias – Bibliotecária – CRB-8/9427

3ª reimpressão

Todos os direitos desta edição reservados à
EDITORA SCHWARCZ S.A.
Rua Bandeira Paulista, 702, cj. 32
04532-002 — São Paulo — SP
Telefone: (11) 3707-3500
facebook.com/Fontanar.br
instagram.com/editorafontanar

Sumário

Prefácio 7

Introdução 11

1. Linguagem corporal é o estudo de "detecção de mentiras"? 17
2. Tem algo de errado com essa mãe 27
3. O que é uma análise de linguagem corporal? 42
4. Analisando emoções na face 76
5. As microexpressões faciais podem moldar nossa decisão . . . 98
6. Linguagem corporal no dia a dia: ela pode mesmo ajudar em situações profissionais? 166
7. Nomes, apelidos e estilos verbais 179
8. Confronto verbal 187
9. Poucas palavras 196
10. "Coladinhos": um estudo sobre proxêmica 216
11. Apertos de mão 227
12. Transmitindo confiança e segurança 235
13. Aperto de mão correto? Postura correta? 244
14. Análise facial na tomada de decisões 255

Conclusão 285

Notas 289

Bibliografia 292

Créditos das imagens 295

Prefácio

Alberto Dell'Isola

Meu primeiro contato com a linguagem corporal e a detecção de mentiras não foi dos melhores. Devido ao meu trabalho com hipnose, acabei esbarrando em várias técnicas que apresentavam uma promessa extremamente sedutora: conseguir identificar em segundos, por meio da movimentação ocular, se alguém estava mentindo. Com certeza, se esse tipo de técnica funcionasse, seria extraordinário. Mas, como dizia Carl Sagan, "alegações extraordinárias requerem provas extraordinárias". E, nesse caso, essas provas não existiam. Aliás, as evidências apontam que esse tipo de técnica simplesmente não funciona.[1]

Por sorte, existem muitos pesquisadores e entusiastas que levam de fato o estudo da linguagem corporal a sério, e um deles é o Vitor Santos. Ele é uma das poucas pessoas que se mantêm atualizadas de verdade; ele, inclusive, reconhece as limitações técnicas por trás dos instrumentos que utiliza. Esse reconhecimento demonstra sua honestidade intelectual e a seriedade com que trata o tema.

Ainda me lembro do dia em que conheci o Vitor. Eu estava em São Paulo ministrando um curso de hipnose, e combinamos de aproveitar minha estadia para gravarmos alguns vídeos para nossos canais do YouTube. Em determinado momento, ele pediu minha opinião sobre um blogueiro que muitas vezes falava bobagens e divulgava pseudociência publicamente. Antes que eu pudesse dizer qualquer coisa, ele apontou para o próprio rosto, no canto do lábio, e disse: "Não precisa nem responder, essa ação assimétrica conjunta da AU 14 com a AU 12 no seu rosto já falou tudo".

O escritor Christopher Moore costuma dizer que "A ciência que você não conhece parece mágica". Mágica! Foi exatamente a sensação que tive nesse primeiro encontro. Como em uma fração de segundo minha face poderia ter me traído? Por mais que possa parecer mágica, existem muitas evidências por trás da existência das microexpressões faciais, e este livro é um caminho seguro em direção a elas.

As primeiras evidências foram publicadas em 1872 pelo naturalista britânico Charles Darwin no livro *A expressão das emoções no homem e nos animais*.

Em seu livro, Darwin estudou a expressão facial dos animais e, em especial, a dos primatas não humanos. Afinal, se esses animais e o homem moderno possuem ancestrais em comum, esse estudo poderia trazer informações importantes sobre o desenvolvimento das expressões faciais do homem. As semelhanças observadas entre as expressões desses animais e as do ser humano se revelaram assustadoras. Existiam indícios de que as emoções seriam universais.

Décadas depois, nos anos 1960, o pesquisador Paul Ekman acabou resgatando essa ideia de que as emoções seriam universais. Em seu primeiro estudo, Ekman selecionou várias fotos com pessoas vivenciando diversas emoções e as mostrou para habitantes de cinco países: Chile, Argentina, Brasil, Japão e Estados Unidos, solicitando que reconhecessem as emoções indicadas nas fotos. Ekman constatou que as respostas eram bastante semelhantes. Depois dessa primeira pesquisa, ele começou a investigar essas mesmas expressões em tribos afastadas e confirmou as evidências de que as expressões faciais seriam universais — ao contrário dos gestos, que seriam específicos de cada cultura.

No fim dos anos 1970, ao dar aulas sobre microexpressões faciais para terapeutas, Ekman passou a ser questionado se seria possível identificar quando um paciente estaria mentindo — muitos pacientes com ideação suicida mentem e dizem que se sentem bem pouco antes de cometer suicídio. Seria possível identificar se essas pessoas estariam mentindo? Seria possível que a face dessas pessoas revelasse a verdade?

A partir dessas ponderações, Ekman passou a estudar sobre as pistas que nosso comportamento não verbal deixaria quando mentimos. E muito do que ele estudou será encontrado neste livro.

Um detalhe importante sobre o trabalho de Ekman: ao contrário do que se pode imaginar, não existe um gesto ou microexpressão facial único e capaz de revelar mentiras. Conforme você aprenderá ao longo da leitura, as mentiras são um fenômeno multifatorial, e identificá-las demandará o estudo não apenas das expressões faciais e dos gestos como também do contexto e da própria história de vida da pessoa a ser investigada. Então, se você busca uma panaceia, uma bala de prata que identifique um único fator por trás da mentira, este livro não é para você. No entanto, se você quiser aprender sobre este tema de forma intelectualmente honesta e baseada em evidências, ele é um excelente caminho.

Logo no princípio, Vitor faz um levantamento das referências bibliográficas que alicerçam seu trabalho. Esse passo é essencial sobretudo para aqueles que desejam buscar essas referências e ampliar os estudos para além deste livro. Em seguida, ele mostra o passo a passo sobre como identificar incongruências entre as emoções, o discurso e o comportamento das pessoas.

Decerto é uma obra que vai agradar não apenas psicólogos e entusiastas da linguagem corporal mas qualquer profissional que perceba a importância de se aplicar esse conhecimento no dia a dia. Ao final da leitura, será impossível você inibir o movimento de suas AUS 6 e 12 de felicidade.

Introdução

Talvez você já tenha usado expressões como "Não gostei dessa pessoa, não sei por quê" ou até mesmo "O santo não bateu" e, no fim, acabou descobrindo que sua análise instintiva estava correta. Vários fatores podem explicar isso, mas o fato é que nós já temos uma grande tendência a observar as outras pessoas e a tentar entender mais sobre elas apenas vendo a forma como se comportam, como falam e como seu corpo se expressa, porque conforme vários pesquisadores e cientistas já afirmaram ao longos anos, nosso corpo emite sinais de valor emocional acerca das mensagens que verbalizamos. Ou seja, sim, o corpo fala, mas você consegue entender o que ele diz?

Provavelmente você também já esteve na outra ponta dessa relação: sentiu que alguém não ia com a sua cara, fosse um professor que parecia não gostar de você ou um colega sempre a importuná-lo. E talvez já tenha desconfiado de que estava sendo alvo do nono tipo de mentira mais praticado pelo ser humano, segundo o psicólogo Paul Ekman: a manipulação e enganação. E agora? O que fazer com esse palpite — que o professor e psicólogo Aldert Vrij chama de *gut feeling* — de que uma pessoa, por algum motivo, não quer o seu bem? Como agir sem ter que esperar a situação chegar ao resultado negativo só para depois falar "Eu avisei que isso ia acontecer"? A resposta é: entendendo a linguagem corporal e seu contexto ao redor. Embora pareça simples, não é uma ideia simplória e demandará esforço de sua parte: uma atenção maior em interações corriqueiras do que estamos acostumados a dedicar, um foco capaz de perceber os mínimos sinais que alguém faz quando interage com você e boa memória para se lembrar dos possíveis significados desses sinais durante as interações cara a cara. Apesar de exigir esforço, posso lhe garantir que o resultado será tão satisfatório que você vai fazer da tarefa de analisar a linguagem corporal das pessoas um proveitoso hábito!

Foi assim comigo, e sem dúvida, por conta desse hábito, evitei problemas nos últimos anos e aproveitei muitas oportunidades, como quando fui convidado para analisar ao vivo a linguagem corporal dos candidatos à vice-presidência do Brasil nas eleições de 2018. Eu me lembro de estar muito ansioso e nervoso quando o carro da emissora que me levaria até o estúdio parou na porta do hotel em que eu estava hospedado. Durante todo o trajeto fui treinando minha respiração e tentando recordar os tópicos de análise.

Como se não bastasse o estresse emocional de ser a minha primeira vez na televisão para falar sobre linguagem corporal, e também minha primeira participação ao vivo, ainda havia o fato de o tema ser política. Então, de certa forma, eu tinha certeza de que seria apertado pelo jornalista para responder a perguntas polêmicas como "Qual dos políticos mentiu mais, Vitor?". Além disso, eu precisava me concentrar nas análises e explicar pontos sobre um tema frequentemente visto como pseudociência utilizando termos técnicos porém sem ser muito formal, demonstrando evidências científicas mas sem deixar o bloco entediante, em, no máximo, oito minutos.

No estúdio, percebi que a equipe era bastante reservada, e o jornalista que apresentava o programa, mais ainda. Eu sentia que precisava daquelas pessoas simpatizando comigo, caso houvesse algum problema, como o vídeo que eu utilizaria como referência travar ou algo do tipo. Me concentrei, respirei e me acalmei. Em seguida elenquei o que faria e como faria para cumprir meu principal objetivo: uma boa apresentação.

Decidi que criaria uma relação positiva com a equipe, naquele momento, para depois estabelecer essa mesma empatia com o apresentador, para estar bem sintonizado emocionalmente com todos ali. Então me pus a trabalhar.

Observei os sinais das pessoas, vi o estilo delas de interagir entre si, me aproximei dos líderes do grupo, puxei papo com eles, espelhei seus gestos como recomenda o grande mentalista Henrik Fexeus e utilizei um estilo verbal similar ao que eles usavam. Após algumas risadas e poucas palavras trocadas, já estávamos bem próximos; era hora então de criar um *rapport* com o apresentador. Me aproximei dele, pouco antes de o programa começar, para lhe desejar boa sorte, mas já tinha observado que ele adotava uma postura superconfiante e se colocava em posição de superioridade, e me aproveitei disso. Antes de desejar boa sorte, enalteci seu ego: "Muito obrigado pela chance, estou muito feliz em estar aqui hoje com você, com certeza vai ser um grande aprendizado para mim". Ele ficou satisfeito, sorriu, se aproximou e me deu um tapinha amigável no ombro. *Rapport* estabelecido com sucesso. Agora mais calmo, orientei a equipe como gostaria que a minha participação acontecesse e acertamos os detalhes técnicos.

Quando subi ao palco, eu já estava tão confortável naquele ambiente e com aquelas pessoas, apresentado de forma positiva pelo líder daquele programa, que minhas respostas fluíram bem e engajaram tanto a equipe quanto o público em casa. Minha participação gerou um bom desempenho naquele bloco: em vez de oito minutos ela foi estendida para quase vinte, em que falei praticamente o tempo todo. Fiquei muito feliz comigo mesmo e pela equipe que confiou em mim.

Alguns dias depois entraram em contato comigo para perguntar se eu poderia voltar ao estúdio no fim de semana para falar mais uma vez sobre discursos de outros políticos. Topei na hora! Fui naquele fim de semana e no seguinte. A equipe, o apresentador e o público tinham gostado tanto que eu passei quase aquele mês inteiro indo ao estúdio explicar linguagem corporal de forma científica e dinâmica nos fins de semana. Por conta dessa série de participações, outras emissoras acabaram conhecendo o meu trabalho e me chamaram para participar de outros quadros.

Ser capaz de entender corretamente a situação em que você está, como as outras pessoas estão se sentindo e ter facilidade de se conectar com elas não só é fundamental para seus planos profissionais como também para a autoestima e o desenvolvimento pessoal. Nos últimos dez anos, dei muita cabeçada estudando linguagem corporal, testei coisas que não funcionam e abordei pontos que são muito teóricos porém pouco práticos, mas hoje sou capaz de obter os melhores resultados porque refinei meus estudos, minhas habilidades como perito facial com certificado internacional e também graças a minha profissão secundária de investigador.

E é justamente isso que quero oferecer com este livro: formas de perceber melhor os seres humanos próximos a você e entender o que eles podem estar sentindo, mesmo que muitas vezes não queiram lhe contar, para que você possa resolver as situações do seu dia a dia da melhor maneira possível para si e para os outros.

Estudar linguagem corporal significa aprender habilidades de comunicação, interpretação e raciocínio lógico, mas, acima de tudo, significa aprender mais sobre o ser humano — pois, por mais que todos tenhamos nossas particularidades e nossas histórias, ainda somos seres dotados de experiências e expressões emocionais que são telegrafadas por meio do nosso corpo.

O corpo de todos diz alguma coisa; vamos aprender a escutar o que ele diz.

1. Linguagem corporal é o estudo de "detecção de mentiras"?

A psiquiatra Maria Konnikova define em sua obra *Mastermind* que para dominar qualquer tema é necessário voltar aos seus elementos fundamentais. Se você busca manipular um conceito, uma ideia ou uma teoria, é extremamente necessário ter em mente a base daquele tema; em outras palavras, entender o que faz esse tema ser o que ele é.

Por isso é muito relevante entendermos as bases da linguagem corporal antes de avançarmos para o processo de análise e interpretação de sinais não verbais, mesmo porque o ser humano não é um robô que vai emitir o mesmo sinal sempre que sentir determinada coisa. O foco aqui é entender as bases da análise não verbal para depois saber como analisar o conjunto de sinais de linguagem corporal. Se você tiver disposição, curiosidade e interesse em solidificar esses fundamentos, terá plena capacidade de usar a linguagem corporal de forma criativa para resolver a maioria dos problemas que encontrar pelo caminho.

O QUE É A LINGUAGEM CORPORAL?

Você sabe definir de forma objetiva o que é a linguagem corporal? Não é incomum ver alguém falando sobre o assunto e atribuindo vários significados (muitas vezes equivocados) sem definir de forma técnica o que de fato ela é. Em programas de TV e em outras entrevistas das quais participei já ouvi apresentadores dizerem: "É um estudo capaz de ver o que alguém está pensando", "É um estudo de detecção de mentiras", "É aquela ciência que fala o que cada gesto significa".

Vamos entender então, de forma breve, o que é linguagem corporal.

UMA FORMA DE COMUNICAÇÃO

De forma resumida, o termo "linguagem corporal" diz respeito à comunicação não verbal, ou seja, é uma maneira que temos de nos comunicar com outras pessoas sem utilizar palavras (embora exista também a "paralinguagem", que tem relação com as mensagens verbais e será explicada alguns capítulos adiante). Desde Charles Darwin até hoje cientistas e pesquisadores nas áreas da neurociência e de comportamento sabem que nossas intenções emocionais — isto é, aquilo que é instintivo em nosso cérebro — têm uma tendência maior a se expressar de forma subconsciente e a evidenciar nossa concordância ou discordância com aquilo que verbalizamos de modo racional. E como manifestamos essas intenções? Por meio do nosso corpo.

Em situações de alta carga cognitiva e em que precisamos nos pronunciar sobre algo crítico (por exemplo, quando você é questionado sobre uma possível traição amorosa), enquanto escolhemos quais palavras vamos usar nosso corpo já emitiu uma expressão emocional que pode ou não estar de acordo com o que estamos falando. Podemos então dizer que a linguagem corporal nada mais é que uma forma de comunicação não falada capaz de evidenciar nossas intenções emocionais em determinados contextos. Essas intenções tendem a se traduzir em gestos, posturas, movimentos de corpo, expressões faciais, tons vocais etc.

A linguagem corporal é atualmente representada por um conjunto de disciplinas de estudo e pesquisa que visa compreender e aplicar melhor esse tipo de comunicação nos mais diferentes cenários sociais, como direito, psicologia, gestão de pessoas, vendas e negociações, pedagogia e por aí vai.

NOSSOS ANCESTRAIS FALAVAM QUAL LÍNGUA?

Tente imaginar como era a vida dos nossos ancestrais, quando ainda éramos grupos nômades, andando por aí, coletando tudo o que podíamos e enfrentando vários perigos. Tendo em vista que o homem foi se desenvolvendo e se tornando cada vez mais um ser social, experimente refletir sobre como deve ter sido o começo desses grupos, quando ninguém falava a mesma língua. Um dos principais fatores de andar em grupo era a segurança, mas como avisar "Ei, amigos, acho que tem um tigre-dentes-de-sabre ali naquela esquina, vamos pegar frutas do outro lado" sem utilizar uma linguagem lógica? Segundo psicólogos evolucionistas como Paul Ekman, António Damásio, Silvan Tomkins e tantos outros, a resposta estaria nas nossas expressões faciais e em alguns gestos da linguagem corporal. Por exemplo, era muito mais provável que um de nossos ancestrais, após avistar um perigo, apenas se virasse para o grupo expressando algo que significasse que ele tinha visto uma coisa "perigosa", ou seja, ele apenas manifestava uma microexpressão de medo, ou que um membro do grupo decidisse tomar a frente e liderar o caminho por onde caçariam, projetando uma postura de liderança com o peito estufado e o queixo elevado. Em muitas situações alguém do grupo deve ter indicado algo pelas expressões faciais e corporais e todos entenderam de imediato, pois segundo diversos neuropesquisadores da emoção as microexpressões tiveram grande valor para a sobrevivência humana durante o nosso processo evolutivo, sendo provavelmente por isso que elas não se perderam na seleção natural até os dias de hoje.

Em resumo, as expressões faciais e alguns gestos da linguagem corporal foram tão necessários no nosso desenvolvimento que ainda hoje podem ser ativados de forma subconsciente sem que tenhamos controle total dessas expressões.

OUTROS SERES VIVOS SE COMUNICAM
COM O CORPO?

A comunicação não verbal é natural e necessária para a vasta maioria dos seres vivos, sobretudo para os mamíferos. Sabe quando seu cachorro faz algo de errado e você dá uma bronca nele? Aquela carinha que ele faz, que parece exatamente com alguém que sabe que fez uma coisa errada? Isso não é mera coincidência. Entende-se hoje, por meio de algumas pesquisas, que os cachorros alteram seu comportamento corporal e suas expressões faciais quando querem comunicar alguma mensagem emocional para os humanos que estão por perto. Um estudo feito por Juliane Kaminski em 2017[1] mostrou que os cachorros tendem a fazer mais expressões faciais quando os humanos estão olhando para eles (especificamente aquela expressão levantando a parte interna das sobrancelhas, gerando a famosa "carinha de dó"): seria uma forma de manipulação canina para que nós, os donos, ajudássemos com carinho, proteção ou comida. Isso tem total relação com o processo de desenvolvimento do lobo para o cão doméstico, que começou cerca de 30 mil anos atrás (e é por isso também que os lobos, que são cães selvagens, não apresentam esse comportamento facial tanto quanto os cachorros).

Outro fato muito curioso é que alguns primatas, como os gorilas, não gostam de ser encarados nos olhos — ou seja, eles recebem um sinal não verbal (encarar nos olhos) e o interpretam como negativo. Ainda sobre os gorilas, conforme já observado por Amy Cuddy em seus estudos sobre "postura corporal de poder",[2] muitos primatas, quando precisam enfrentar uma situação difícil, tendem a assumir uma postura maior, ou tentar parecer maior, estufando o peito, elevando a cabeça e os braços, o que é um sinal não verbal muito comum que inclusive nós humanos utilizamos quando queremos demonstrar que somos superiores (estufar o peito) ou que somos vitoriosos (erguer a cabeça e os braços).

E você acha que os animais expressam apenas sinais "honestos" em sua linguagem corporal? Saiba que não: existem vários animais que apresentam comportamentos "mentirosos" para enganar predadores ou presas, como o polvo-mímico da Indonésia, que pode, dependendo da situação, assumir a forma e até algumas características (como a maneira de se mover, de respirar e a cor) de outros animais. Ele já foi visto ostentando a aparência de um predador maior para evitar que outro lhe atacasse ou ainda adotando o formato de uma anêmona a fim de atrair pequenos peixes para suas presas. O nome dessa habilidade animal de se adaptar à situação e de realizar alterações orgânicas gerando efeitos ilusórios é mimetismo. Seria perfeito se conseguíssemos mentir assim. Já pensou? Numa semana estressante de trabalho, assumir a forma de alguém doente só para pegar um atestado médico e ir para casa?

Resumindo, o comportamento não verbal se manifesta de forma tão natural que não somos capazes de impedi-lo, e muito menos de conseguir observá-lo quando ocorre com pessoas próximas de nós. Vale a pena ficar atento!

MICROEXPRESSÕES FACIAIS

Já sabemos que não só os seres humanos são capazes de utilizar a linguagem corporal para expressar seus impulsos emocionais ou manipular situações. É então possível que exista alguma pista observável no nosso comportamento não verbal que seja confiável e reproduzível em todas as partes do mundo? Existe algum sinal que todos nós fazemos, independentemente de etnia e de classe social?

A resposta para essa pergunta é: existem grandes evidências de que haja sim um padrão, e ele é a face! E essa teoria, sustentada cientificamente por inúmeros pesquisadores de renome — como Darwin, Duchenne, Matsumoto, Rosenberg, Damásio, O'Sullivan e Vrij —, não é recente. A primeira concepção sobre as expressões faciais teria sido a contribuição de Charles Darwin em *A expressão das emoções no homem e nos animais*, publicado em 1872, em que o biólogo supunha que assim como os animais expressavam seu comportamento emocional com o corpo e com as feições, os humanos deviam fazer o mesmo.

Muitos anos depois, vários estudos foram feitos, sempre encontrando uma relação entre a face e as emoções. Em 1966, Haggard e Isaacs realizaram um experimento a partir de gravações de pacientes no contexto de psicoterapia.[3] Analisando os vídeos quadro a quadro, observaram grandes alterações no rosto deles. Na época, os pesquisadores chamaram esse evento de "expressões micromomentâneas", o começo do que chamamos hoje de "microexpressões faciais". Silvan Tomkins, psicólogo e pesquisador, trabalhava quase ao mesmo tempo que Haggard e Isaacs e em pouco tempo assumiria que "Conseguia ler as emoções no rosto da pessoa", e também que "Todas as pessoas faziam as mesmas expressões quando sentiam determinadas emoções".[4] Vale lembrar que a teoria das microexpressões faciais ainda não era validada como "universal". Tomkins, nessa época, já afirmava que possuía evidências empíricas de que as microexpressões faciais emocionais eram universais. Ele inclusive foi um dos primeiros a desenvolver uma espécie de catálogo de expressões faciais com seus respectivos sinais emocionais. Ekman conheceu Tomkins, mas não concordava muito com ele: sua visão se assemelhava mais à de sua professora, a renomada antropóloga e psicóloga Margaret Mead, que defendia a ideia de que as expressões faciais emocionais eram frutos do ambiente social e, portanto, poderiam variar de cultura para cultura, de país para país.

Na década de 1960, usando uma verba destinada para pesquisas militares, Ekman conseguiu realizar experimentos de observação de contrações faciais e de reconhecimento de contrações para entender qual o papel das microexpressões e das emoções. Ele descobriu que as contrações faciais que as pessoas faziam (e sua capacidade de reconhecimento de microexpressões faciais) eram as mesmas não só nos Estados Unidos mas também em vários outros países, como Japão, Itália, França, Inglaterra e Brasil. Porém foi apenas ao passar três anos em pesquisa com uma nação isolada (que, em teoria, não teria sofrido influência cultural da vida moderna como os outros povos), os fores, de Papua-Nova Guiné, observando seus momentos emocionais e não emocionais, que Ekman, em parceria com Wallace Friesen e Silvan Tomkins, validou a teoria de que as microexpressões faciais emocionais são universais.[5] Seja você brasileiro, inglês, japonês ou membro de um grupo isolado do restante da sociedade, quando se emocionar, a musculatura ativada para determinada emoção será a mesma que a dos outros. É interessante observar que mais pesquisadores refizeram a pesquisa de Ekman com outros povos, buscando resultados diferentes, mas acabaram chegando à mesma conclusão (foi o caso de Karl Heider, por exemplo). Analisaram comportamentos intrigantes associados às expressões faciais emocionais, como David Matsumoto, que em suas pesquisas observou que pessoas cegas de nascença fazem as mesmas contrações faciais emocionais que pessoas não cegas.

Estes são alguns dos registros feitos entre os fores, em Papua-Nova Guiné. Perceba que, apesar de serem um povo que nunca teve contato com o restante da sociedade, eles possuem expressões faciais idênticas às nossas para algumas emoções. (© Paul Ekman Group).

Na década de 1970, após as pesquisas em Papua-Nova Guiné, foi desenvolvido o FACS (Facial Action Coding System), o único sistema taxonômico de análise facial validado cientificamente. Criado por Ekman e Friesen, passou por uma atualização em 2002, feita pelos dois pesquisadores junto com Joseph Hager. O FACS em essência é um sistema que visa compreender eventos faciais. Ele é empregado em estudos no campo emocional, mas não só. Animadores da Pixar (empresa subsidiária da Disney conhecida por clássicos como *Toy Story*, *Monstros S.A.* e *Procurando Nemo*) utilizam o FACS para animar a movimentação de seus personagens em filmes e dar mais realismo a eles; e estúdios de video games, como o Quantic Dream, usam o FACS na animação facial de personagens 3-D com o mesmo objetivo.

Também existe o EM-FACS (Emotional FACS), um catálogo do banco de dados do FACS contendo apenas as codificações faciais de emoções. Esse documento é enviado para apuração e estudo das expressões faciais emocionais quando um aplicante é aprovado no exame FFT (sigla de FACS Final Test), fornecido apenas pelo Paul Ekman Group, que avalia a aptidão teórica e prática em codificação facial pelo sistema FACS. Esse exame pode ser feito por qualquer pessoa que comprove aquisição e conhecimento do manual FACS, também oferecido pelo Paul Ekman Group. É por meio desse exame que alguém se torna apto a trabalhar com perícia facial.

Em suma, hoje em dia muitos pesquisadores no campo das emoções entendem as microexpressões faciais como mais um tipo de resposta desencadeada por estímulos emocionais e que pode sinalizar alterações no estado afetivo. Com essas informações é possível entender se o que alguém está falando condiz com a emoção que está sendo mostrada e, assim, desenvolver um olhar mais crítico em negociações, conversas e entrevistas.

2. Tem algo de errado com essa mãe

Em maio de 2020, na pequena cidade de Planalto, no Rio Grande do Sul, uma mãe que aparentava estar desesperada veio a público declarar o desaparecimento de seu filho de apenas onze anos, Rafael Winques. As forças policiais foram acionadas, as buscas começaram, parentes e outras pessoas se mobilizaram para encontrar a criança. Foi conferida a Alexandra Dougokenski, mãe do menino, a permissão de enviar vídeos e de falar sobre o desaparecimento nas emissoras de TV locais. Uma emissora afiliada à Rede Globo, a RBS, entrevistou Alexandra para tentar entender melhor o desaparecimento e auxiliar nas buscas. Futuramente a própria RBS entraria em contato comigo solicitando uma explicação sobre o comportamento não verbal de Alexandra, mas voltemos à entrevista que ela concedeu, na qual pedia ajuda para encontrar o filho. Após a entrevista ter sido exibida, muitas pessoas fizeram os mesmos comentários, geralmente variações da frase "Nossa, mas tem algo muito estranho com essa mãe!". O próprio repórter que participou do caso me relatou que ao assistir a entrevista tinha achado algo estranho em Alexandra; ela parecia tranquila demais. Os policiais, ao interrogá-la, constataram o mesmo ponto: "Ela não parecia emocionada com a situação". Levando em conta que o filho já estava desaparecido havia mais de 48 horas, a tranquilidade excessiva era mesmo inusitada, mas não era a única coisa estranha. Eu analisei o pedido de ajuda de Alexandra. Além de ela não usar uma linguagem intimista em praticamente nenhum momento do vídeo, sempre se referindo a Rafael como "ele", "o menino", e usar frases como "Ele sumiu", "A gente só quer uma notícia dele, um sinalzinho que seja" em vez de "Eu quero o meu filho de volta!", observei em diversos momentos que ela fazia contrações sincronizadas do músculo zigomático maior (um músculo paralelo à região das bochechas que se prolonga até os cantos dos lábios; sua contração eleva o canto dos lábios em direção às bochechas, formando o que conhecemos como sorriso) junto com o músculo orbicular dos olhos (músculo que circunda a região ocular; sua contração causa, entre outras coisas, compressão das pálpebras e rugas conhecidas como "pés de galinha"), o que gera a codificação facial de felicidade. Exatamente: ela exibia, em vários momentos, microexpressões faciais de felicidade ao narrar sua preocupação com o filho desaparecido. Esse foi o principal ponto incongruente que observei: como uma mãe diz estar desesperada com o desaparecimento do filho mas sem expressar tristeza; pelo contrário, sorrindo várias vezes, expressando felicidade genuína?

Alguns dias depois Rafael Winques foi finalmente encontrado. Ele estava próximo à sua casa, morto, coberto por escombros e papelão. Não demorou muito para os interrogatórios começarem e a própria Alexandra confessar à polícia ter sido a autora do crime, matando o menino por estrangulamento.

INCONGRUÊNCIAS OU CONGRUÊNCIAS?

Na teoria cinética descrita por Pierre Weil e Roland Tompakow,[1] entendemos que nosso corpo pode expressar sinais concordantes ou discordantes em relação ao que está sendo dito. Um exemplo de concordância seria você dizer que adorou o jantar enquanto faz uma expressão genuína de felicidade, se inclina para a frente e olha para o prato onde estava a comida enquanto verbaliza. Quando momentos assim ocorrem, podemos dizer que temos um conjunto de sinais congruentes, ou seja, a afirmação verbal da pessoa é concordante com o que o seu corpo demonstra naquele momento.

Agora imagine a situação oposta, em que a pessoa afirma ter gostado do jantar, mas seu corpo exibe sinais como afastamento corporal, negação de cabeça, careta de nojo, tudo isso enquanto verbaliza num volume vocal fraco, sem firmeza. Num caso desses, podemos dizer que temos um conjunto de sinais incongruentes, ou seja, o corpo da pessoa não está concordando com o que ela está falando naquele momento.

As incongruências, quando observadas com frequência e em conjunto durante uma declaração potencialmente crítica para alguém (um depoimento de um suspeito, por exemplo), podem indicar que aquela pessoa esteja adotando um comportamento dissimulado, ou seja, mentindo.

Numa pesquisa feita por Paul Ekman, Wallace Friesen e Maureen O'Sullivan com 47 estudantes de enfermagem, foi orientado que eles assistissem a vídeos com estímulos emocionais variados (desde os mais positivos até os mais tristes ou nojentos). Durante a exibição, porém, eles deveriam permanecer com um sorriso no rosto, sem demonstrar qualquer emoção e sem perder a "máscara" de sorriso (isso visava ao profissionalismo que enfermeiras e enfermeiros precisam ter para não expressar nojo ou outras emoções negativas). Os analisados sustentaram o sorriso durante todo o estudo, mas de formas bem distintas:

Nesta foto, por conta do prolongamento dos cantos dos lábios, vemos que a estudante manteve um leve sorriso. Contudo, fica nítido, por sua acentuação no sulco nasolabial (as linhas que vão desde a base do nariz aos cantos da boca, se assemelhando a um bigode), pelo lábio superior em forma de arco e pela queda em sua pálpebra superior que a emoção predominante aqui foi nojo, e não felicidade.

Nesta segunda foto vemos que a estudante conseguiu sustentar um pouco mais o sorriso em relação à foto anterior, mas ainda assim fica evidente, pela acentuação no sulco nasolabial e pelo lábio superior em forma de arco (dois critérios associados à emoção e expressão de nojo), que ela não estava sentindo felicidade, apesar de tentar mascarar sua emoção de nojo com um pseudossorriso.

Por fim temos este registro, em que a jovem realmente sentiu felicidade genuína por um estímulo com que teve contato. Aqui as diferenças são nítidas: a linha dos cantos dos lábios se eleva em um ângulo ascendente, os olhos aparecem de forma mais comprimida e é possível ver até mesmo um enrugamento adjacente à região externa dos olhos (pés de galinha), critérios faciais da emoção genuína de felicidade.

Nos casos em que vimos a emoção de nojo sendo mascarada com um sorriso, conseguimos dizer que observamos incongruências faciais, ou seja, a face apresenta uma emoção posada, falsa ou uma emoção que não condiz com o que a pessoa quer ou está transmitindo. As enfermeiras deveriam transmitir um sorriso, ou seja, complexos emocionais derivados da felicidade, mas o sorriso se deformou de modo que eram visíveis suas expressões de nojo ou de medo por debaixo dele.

Observe as duas imagens a seguir e veja todos os detalhes (todos mesmo, orelhas, trombas, patas, presas). Sinta qual delas o deixa um pouco mais confuso e só então leia a explicação.

Nas duas imagens podemos dizer "Estou vendo um elefante", mas na imagem 1, apesar de ser um desenho mais infantilizado, é possível verificar todos os detalhes e entender que se trata de um elefante e apenas isso, ou seja, há coerência. Já na imagem 2, diante da quantidade incerta de pernas ou patas acabamos nos perdendo um pouco; apesar de essa imagem estar com um traço mais realista, ela apresenta uma incongruência proposital em seus detalhes.

ERROS QUE VOCÊ DEVE EVITAR

É muito comum ouvir alguém comentar algo como "Braço cruzado é sinônimo de fechamento, defensiva, desconforto" ou "Coçar o rosto quando está falando é sinal de mentira", e apesar de até existirem determinados contextos em que esses sinais podem indicar uma possível dissimulação, na maioria das vezes seu significado pode ser apenas justificado pelo contexto e não ter nenhuma relação com mentira — a pessoa pode cruzar os braços porque está com frio, por exemplo. O problema com esse tipo de afirmação é que, além de efetuar uma interpretação equivocada da situação, você pode acabar tomando decisões erradas ou até mesmo julgar erroneamente alguém, e coisas assim podem gerar consequências enormes, desde uma simples confusão por achar que um amigo seu está mentindo ou tirando sarro de você até uma decisão problemática, quando você acredita que por ter visto determinado sinal no rosto de seu parceiro ou parceira ele ou ela está te traindo e você deve terminar seu relacionamento. No campo profissional, erros de interpretação não verbal também podem levar a consequências bastante prejudiciais, como confiar em alguém por conta do carisma dessa pessoa e futuramente descobrir da pior maneira possível que ela estava apenas querendo enganar você e lucrar em cima do seu prejuízo.

A ideia deste capítulo é indicar alguns erros básicos que podem ocorrer quando tentamos analisar a linguagem corporal de alguém, para que você possa se policiar e evitá-los no momento em que eles começarem a se manifestar. É importante ressaltar que erros são normais e que fazem parte do processo de qualquer estudo ou prática, mas precisamos alterar nosso *mindset* para que alguns erros que cometemos não se tornem hábitos limitadores.

VIÉS DA VERDADE

Em determinadas situações podemos ter uma forte tendência a acreditar nas pessoas. Seja por simpatizarmos com elas, seja por acreditarmos que conhecemos muito bem sua índole, entramos num viés da verdade, em que já estamos predispostos a ver qualquer coisa que a pessoa fale como verdadeira. Esses vieses costumam ter uma relação mais emocional do que racional. Por exemplo, durante as investigações do caso Nardoni, ocorrido em 2008, quando a polícia ainda não havia chegado a uma conclusão sobre o crime, muitos pais que tinham se compadecido com a situação queriam pensar que algo mais complexo havia acontecido; não queriam pensar que o próprio pai teria participado do assassinato da filha (talvez por acharem essa uma ideia pesada demais para ser aceita). Lembro que na época minha própria mãe disse algo como "Tem que ter outra explicação, eu não quero ouvir que um pai matou a própria filha de cinco anos". Apesar da dificuldade de aceitar essa ideia, foi a conclusão a que se chegou após exames, testes de perícia e outras tarefas racionais e lógicas — pois apenas com a razão podemos contrapor a emoção, sobretudo em momentos difíceis.

Quando estiver analisando uma pessoa ou avaliando o comportamento de alguém numa situação crítica, reflita se você está de fato querendo entender o caso de forma neutra ou se está tendencioso a concordar com aquela pessoa. Podemos simpatizar com alguém por diversos motivos: nome, profissão, aparência, gostos ou preferências políticas, mas nada é garantia de que ela não vai tentar nos enganar ou nos prejudicar de alguma forma. Precisamos ter isso em mente quando formos observar alguém.

VIÉS DA MENTIRA

Segundo um estudo realizado por Paul Ekman e Mark G. Frank,[2] tendemos a ter menos dificuldade para discernir quando alguém está mentindo do que quando alguém está falando a verdade, e isso ocorre porque na maioria das vezes supomos que as pessoas estão mentindo ou não estão contando toda a verdade. Isso é normal e natural, pois nos preocupamos com a confiança que depositamos em outras pessoas, mas isso traz outro problema: podemos julgar de forma errada alguém que, apesar da forma como se expressa, está sendo honesto. O viés da mentira é totalmente oposto ao viés da verdade: assumimos que tudo o que alguém nos contar será mentira ou que essa pessoa estará com intenções negativas.

Por conta do viés da mentira podemos desenvolver insegurança em relacionamentos e criar tensões em situações que seriam triviais ou facilmente explicáveis caso enxergássemos tudo com um olhar mais racional e menos emotivo. O viés da mentira nos predispõe a ter um relacionamento ruim, seja na vida profissional, seja na pessoal, pois impossibilita que confiemos na pessoa com a qual estamos nos relacionando. Claro que você deve se manter alerta, mas ficar se desesperando em vez de observar corretamente alguém e confiar na sua análise é gastar energia mental desnecessária.

Cliff Lansley, psicólogo, pesquisador e fundador da Emotional Intelligence Consortium, diz: "Nós podemos até ver ou escutar algo, mas não sabemos o porquê daquilo". Ele tem um método para evitarmos esse tipo de julgamento equivocado e entendermos melhor a motivação das pessoas, bem como melhorar nossa precisão na detecção de mentiras. Em seu livro *Getting to the Truth: A Practical, Scientific Approach to Behaviour Analysis for Professionals* [Chegando à verdade: uma abordagem prática e científica da análise comportamental para profissionais, em tradução livre], ele divide o processo em duas fases: num primeiro momento, ao conversar com alguém em situações críticas ou importantes (negociações comerciais, reuniões profissionais ou discussões pessoais), assuma que tudo o que a pessoa está falando é verdade (ele diz: "Pinte ela inteira de verde"). Em seguida observe sua linguagem corporal em busca de sinais que expressem o contrário do que ela está falando, e caso observe tais sinais crie um alerta sobre isso (ele diz: "Observe os sinais e os pinte de vermelho, criando um contraste na pessoa"). Dessa forma será mais simples evitar o viés da mentira: uma vez que está assumindo que a outra pessoa está sendo honesta, você foca apenas em observar sinais que não concordem com a honestidade que ela está expressando. Se você não observar tais sinais a pessoa já estará automaticamente classificada como honesta, pois você já determinou isso no início do processo.

"EU, EU, EU": A TEORIA

Você já deve ter testemunhado uma situação em que estava com alguém — em geral alguém mais velho — e essa pessoa deu sua opinião sobre o que estava acontecendo se colocando, de certa forma, como detentora da verdade absoluta por conta da sua "vasta experiência". São frases como "Quer que eu fale mesmo qual é a verdade?" ou "Eu sei o que eu estou falando", "Eu conheço isso" ou qualquer outra em que a pessoa clama autoridade, pois por algum motivo julga que sua experiência de vida ou profissional a capacita a ter "A" opinião verdadeira. Isso pode ser chamado de *me theory* (algo como "minha teoria"), um termo definido por Lansley para destacar pessoas que se põem numa posição de superioridade por qualquer motivo que faça sentido para elas e julgam a situação segundo suas métricas pessoais, em vez de tentar compreender a situação de forma nova e exclusiva. Por exemplo, quando a pessoa fala: "Eu, se tivesse passado por isso, estaria bufando de raiva. Ela está muito calma, você acha mesmo que ela está falando a verdade? É mentira!". A "minha teoria" pode ser vista também como a forma que temos de medir o outro com a nossa régua. A pessoa pensa no que ela faria (ou já fez) em determinada situação e julga que a sua opinião só pode ser a única verdadeira, pois ela se conhece e partindo desse autoconhecimento acredita que todo mundo também se comporta dessa forma. Sendo breve: cada pessoa é de um jeito. Não podemos acreditar que só porque fizemos determinada coisa em determinada situação todos irão agir assim. Pensar dessa forma é se autoinduzir a um erro de observação e criar uma postura de superioridade que pode ser explorada por alguém disposto a enganar você — vide o orgulho dos troianos que os fez crer que a luta estava vencida, aceitando então o presente dos gregos, o conhecido cavalo de Troia. É por isso que independentemente do caso, seja ele singular ou similar a qualquer outro que tenhamos analisado, é obrigatório que um aplicante do registro scans (do inglês *Six Channel Analysis* [Análise de Seis Canais]) justifique suas observações por meio do protocolo que utilizamos para realizar uma análise científica de detecção de mentiras. O método foi desenvolvido pela Emotional Intelligence Academy em Manchester, no Reino Unido, por Cliff Lansley e seus colaboradores (iremos nos aprofundar no scans no decorrer deste livro).[3] Não podemos simplesmente dizer "Ah, fulano está mentindo, esse caso é igual ao outro em que o sicrano também mentiu". Cada caso é um caso, e em todos eles precisamos limpar nossos vieses durante as observações.

"O SINAL"

Esse tipo de erro é o mais comum em estudantes iniciantes de linguagem corporal, ou de pessoas que leram apenas um livro sobre o assunto (que em geral se propõe a criar um "dicionário de sinais não verbais"). Basicamente é a ideia de que existe um único sinal confiável para analisar a pessoa ou de que determinado sinal é melhor que outros. Na maioria das vezes digo que tais pessoas estão em busca do "sinal matador", ou seja, querem estudar ou ler algo simples e resumido e que mostre o "sinal matador" que pode ser usado em qualquer situação e nunca falhará (frases como "Sempre que a pessoa fizer isso ela estará mentindo" são comuns nesses casos).

É importante ressaltar que temos canais não verbais com potencial de transmitir diversos sinais com diferentes significados (por exemplo, o canal facial ainda é o mais confiável para determinar qual emoção a pessoa de fato processou em determinado momento, porém o canal mais confiável para evidenciar alterações nos níveis de ansiedade é o psicofisiológico), mas em hipótese alguma um único sinal de um único canal é melhor do que a análise de todos os canais juntos. Isso já foi atestado cientificamente mais de uma vez, e em um estudo recente Aldert Vrij observou que a precisão em análises não verbais na avaliação do comportamento dissimulado é muito maior quando combinadas com canais psicofisiológicos, não verbais e paraverbais (falaremos mais sobre isso em breve). Ou seja, independentemente de qual sinal específico você queira observar, ele será inferior a um processo completo de observação de múltiplos canais em linguagem corporal.

Até o momento em que escrevo este livro, não há um único sinal comprovado cientificamente como "o sinal da mentira". Apesar do que você possa ter visto na internet ou em outro lugar, até hoje não se reconhece a ideia de que exista um único sinal capaz de evidenciar o comportamento desonesto em absoluto. O mais recomendado é que você pratique uma análise de vários sinais e estude as combinações deles, a fim de entender o que eles representam em relação ao comportamento das pessoas.

O ERRO DE OTELO

Esse erro faz referência a Shakespeare. Em sua peça *Otelo*, o protagonista suspeita que sua mulher, Desdêmona, o está traindo com seu amigo. Enfurecido com essa suspeita, Otelo decide abordar o suposto amante de sua mulher antes de ir falar com ela. Ele não só discute com o homem como sequer deixa que ele explique qualquer coisa, matando-o sem ao menos ter certeza de suas suspeitas. Ao se aproximar da mulher e colocar sua suspeita em pauta, ele revela que já matou o homem que julgava ser seu amante. Nesse momento, apesar de inocente, ela acredita que o marido, enfurecido como estava, não iria crer em sua inocência, e demonstra medo em sua face. Otelo percebe essa expressão e julga que aquilo só pode ser o medo de alguém que sabe ter feito algo de errado e que foi pego em flagrante. Então assassina a própria mulher.

A lição aqui é sobre a interpretação da observação que Otelo fez. De fato, ele viu corretamente uma microexpressão facial de medo; o problema foi que ao ver isso ele tentou ler a mente de sua mulher, e aí está o erro. Conforme o próprio Ekman descreve, não conseguimos ler a mente de ninguém observando as microexpressões faciais ou qualquer outro sinal não verbal. Podemos tentar entender comportamentos recorrentes atribuídos a determinados sinais não verbais, mas afirmar que a pessoa demonstrou diretamente algo pois só pode ter pensado em determinada coisa é fazer uma má interpretação dos fatos, e isso pode resultar em consequências negativas. Um bom exemplo de má interpretação dos fatos pode ser visto no caso da grávida de Taubaté, em que uma mulher que fingia estar grávida de quádruplos ia a programas de tv pedindo ajuda financeira e outros meios para sobreviver à gestação. Antes de a trama ser desmascarada pela jornalista Chris Flores, foram inúmeros os apresentadores que viram o rosto triste daquela mulher e automaticamente interpretaram que ela só poderia estar chorando por ser uma mãe em estado de desespero e preocupação com seus filhos.

A BASE DE TUDO

Eu sei que você já deve estar ficando ansioso para partir logo para as partes mais práticas deste livro e ir direto ao ponto, mas esse conteúdo teórico é essencial para oferecer uma camada mais profunda de conhecimento e responsabilidade. Assim como aprendi com os meus mestres e com a literatura com que tive contato em todos estes anos, reitero a mensagem deles de que com uma base sólida é mais fácil construir qualquer estrutura. Portanto, seja você alguém que quer entender melhor as pessoas, descobrir os mentirosos ou apenas se comunicar e interagir melhor profissionalmente, a base que você está construindo aqui é fundamental para que possa desfrutar do conhecimento da linguagem corporal.

Fique tranquilo, pois no próximo capítulo começaremos a abordar as investigações e entraremos nos fundamentos e nos aspectos práticos, para que você já saiba como deve e como não deve fazer uma análise de linguagem corporal.

3. O que é uma análise de linguagem corporal?

De forma bem resumida, uma análise de linguagem corporal (ou análise não verbal) é uma prática, em geral feita de forma metodológica, em que uma pessoa observa o comportamento não verbal de alguém (podendo ser ao vivo ou por meio de um vídeo) e determina um possível significado para o comportamento observado.

Na maioria das vezes as análises são feitas para avaliar um possível potencial de dissimulação (saber se alguém está mentindo), e para análises desse tipo é recomendada a utilização de sistemas mais complexos, multicanais (ou seja, que não se baseiam em apenas um canal, como voz, olhos ou corpo) e embasados por pesquisas científicas. Como o próprio pesquisador Aldert Vrij e o professor emérito da Universidade de Manchester Cliff Lansley já mostraram, análises que seguem essa linha de abordagem podem atingir uma precisão acima de 78% na detecção de honestidade ou mentira.[1]

Análises não verbais podem ser utilizadas também como ferramenta para outros testes, como perfilamento criminal e análise forense de comportamento, no atendimento clínico entre psicólogo (ou outro profissional da saúde) e paciente, no processo de recrutamento de funcionários em empresas, na avaliação de comportamento dissimulado em potencial e no processo de avaliação de segurança ou suspeita de fraude no meio corporativo.

Apesar de várias abordagens não verbais se proporem à detecção de mentiras (e muitas delas não apresentarem validade científica), existem análises associadas ao comportamento não verbal que visam a outros objetivos, como a análise de personalidade por meio das linhas de expressão e do formato do rosto. Algumas pessoas se predispõem a efetuar análises comportamentais para entender a psique de outras a partir de detalhes do rosto como as linhas de expressão (rugas), o formato, as protuberâncias, as saliências e outros pormenores que compõem nossa face. Outras seguem a linha da fisiognomonia, que tem relação com a medicina chinesa.

São análises curiosas que obtêm resultados certeiros, porém sem evidência científica sólida, e não iremos tratar delas aqui. Nem de outras similares, como as Eye Cues,[2] uma teoria bastante popular desenvolvida por praticantes de programação neurolinguística que afirma ser possível detectar a mentira de acordo com a direção para onde uma pessoa olha quando está conversando com você — por exemplo, se a pessoa olhar pra cima e para o lado direito é sinal de que ela está mentindo. Contudo, em mais de um estudo essa teoria já foi testada e não atingiu os resultados propostos, sendo assim invalidada. Essa é a principal razão pela qual não a abordaremos aqui.

Nosso foco será em análises de linguagem corporal que podemos efetuar no dia a dia, de forma prática e rápida, mas com base numa literatura científica, uma vez que temos plena abundância de tal material. Um ótimo exemplo é o insight sobre microexpressões faciais associadas ao relacionamento transmitido por John Gottman a terapeutas e psicólogos que atendem casais em crise. Segundo Gottman, "Se um dos membros do casal demonstra desprezo várias vezes, isso é um grande sinal de que o relacionamento está com sérios problemas". Ele observou em seu estudo que os casais que expressavam nojo e/ou desprezo com maior frequência quando se referiam um ao outro tendiam a se separar em menos de cinco anos.[3]

A partir dessa pista facial Gottman viu que poderia orientar melhor a consulta que faria, pois entendia qual comportamento emocional aquele casal poderia expressar e qual seria o possível desfecho caso não fosse feita uma terapia adequada. São insights assim que iremos abordar neste livro, com modelos práticos de análise que o leitor poderá seguir no seu cotidiano.

Reitero a importância de algumas habilidades, como ser mais atento e menos passivo com o que você vê; procurar sinais congruentes quando interagir com alguém; prestar atenção na escolha de palavras que alguém usa quando interage com você; e observar a distância corporal e a frequência de gestos que seu interlocutor faz a fim de que você se torne ainda mais perspicaz e tenha uma melhor percepção não verbal.

CADA UM TEM SEU JEITO

Você já deve ter visto um amigo, um parente ou algum colega de trabalho que se comportava de uma forma que você julgava "esquisita". Falava rápido ou devagar demais, tinha algum tique ou fazia uma careta, ou até mesmo ficava se coçando ou ajeitando a roupa enquanto falava. Essas são peculiaridades de cada um, suas idiossincrasias, e claro que devem ser levadas em conta quando se fala em analisar a linguagem corporal, pois se não levar em consideração essas singularidades de cada um você pode acabar chegando a uma conclusão equivocada. Por exemplo, várias pessoas dizem que se coçar ou se tocar enquanto fala é um potencial sinal de mentira, e de fato existe um critério no protocolo scans associado a isso chamado "B3: alteração no fluxo de gestos autopacificadores", mas pense bem: se você conhece alguém que mesmo quando fala coisas triviais ou diz algo que você sabe ser verdade se coça ou se toca a toda hora, será que esse comportamento gestual já não é uma coisa dele?

Em análises sérias, consideraríamos esse sinal um gesto natural da linha de base e ele não poderia ser levado em conta como um potencial sinal incongruente, porém é importante ressaltar que tendo o registro da linha de base as alterações comportamentais ganham grande relevância em nossa análise. Por exemplo, pegando o mesmo caso desse nosso amigo hipotético que se coça e se toca muito quando fala a verdade (já temos isso registrado em sua linha de base), nossa atenção deveria se redobrar quando em determinada conversa importante ele, de repente, parasse de se tocar e congelasse seus gestos. Nesse momento podemos dizer que temos uma quebra da linha de base, e, aí sim, esse gesto ganha relevância para nós. Mas vamos entender parte por parte. Primeiro de tudo: o que é linha de base?

LINHA DE BASE

Linha de base, em linguagem corporal, é o termo que utilizamos para nos referir ao modo-padrão de comportamento não verbal de cada pessoa. Ele é único e pode ser bem diferente dependendo da idade, da profissão, do contexto e da história social de cada pessoa. Linha de base é exatamente isso: a base de como é aquela pessoa não verbalmente, se gesticula muito ou pouco, se fala em tom alto ou mais baixo, se tem saliências ou formas específicas no rosto que possam induzir a um julgamento equivocado de nossa parte (sim, existem pessoas que já têm "cara de brava" por natureza, mas isso é a linha de base delas, e não podemos avaliar e dizer que estão bravas o tempo todo). São muitos os motivos que levam uma pessoa a ter linhas de expressão em determinadas partes do rosto, e não apenas o fato de ela ter expressado uma emoção várias vezes. A linha de base não possui um valor positivo ou negativo, não existe uma "linha de base maligna" nem nada do tipo; é um ponto neutro, a forma-padrão de aquela pessoa agir. Registramos a linha de base das pessoas em momentos em que elas estão sendo espontâneas e honestas, ou seja, observamos como elas se comportam quando dizem a verdade.

A função da linha de base

A linha de base serve o propósito de comparação quando analisamos alguém. Como dissemos, a linha de base é um registro do comportamento não verbal da pessoa quando ela está sendo honesta, logo podemos usar esse registro para avaliar momentos em que essa pessoa altere seu comportamento-padrão — e aí então teremos uma quebra da linha de base que pode significar muito para nós. Quando temos a linha de base de alguém, é mais fácil detectar comportamentos dissimulados, pois estes costumam ocorrer quando o mentiroso tenta se controlar corporalmente enquanto enfrenta a pressão cognitiva e emocional de estar mentindo e assim acaba fazendo gestos que não faz normalmente e falando num volume vocal que não costuma falar — ou seja, quebra sua linha de base entregando que algo em seu comportamento-padrão não está correto, conforme Cliff Lansley aponta no protocolo SCANS.

É necessário fazer esse registro da linha de base antes de analisar a pessoa para evitar possíveis vieses iniciais que possam ocorrer ao interagirmos. Para registrar a linha de base, é recomendado que você observe a pessoa em momentos descontraídos, livres de pressão emocional ou de estresse psicológico, e em situações em que ela afirma coisas que você sabe (ou consegue descobrir) ser verdade. Você pode, por exemplo, observar algum conhecido seu contar uma história que você conhece (melhor ainda se for uma história em que você esteve presente) e analisar sua linguagem corporal. Como ela é? Cheia de gestos ilustradores quando ele conta um determinado ponto da história? Ele aumenta o volume vocal ou fala mais rápido nas partes mais enfáticas? Faz caretas quando conta ou sua expressão fica mais contida durante toda a narrativa? Todos esses sinais e muitos outros são registros da linha de base dessa pessoa, que ela está lhe dando sem saber e que podem ser usados no futuro quando você quiser saber algo crítico ou de grande importância pessoal ou profissional (então já sabem: usar esses conhecimentos com frequência no seu parceiro ou parceira pode acarretar desapontamento).

Um ponto importante que é necessário ressaltar: como dissemos, a linha de base também pode sofrer alterações de acordo com o contexto. Alguém calmo e tranquilo mas que nunca pisou numa delegacia pode se mostrar extremamente nervoso pelo simples fato de estar lá, porém pode não estar mentindo. Por isso precisamos entender mais sobre o fator contexto, algo que pode alterar a forma como nos expressamos e que deve ser levado em conta por quem analisa a linguagem corporal.

O que registrar na linha de base?

Como sabemos, para registrar a linha de base de alguém você precisa observar a pessoa em situações em que ela está livre de pressão emocional ou de estresse psicológico e/ou em momentos em que ela diz coisas que você sabe (ou consegue descobrir) ser verdade.

Vou sugerir três situações simples para registrar a linha de base de alguém, mas antes vou especificar o que você deve observar enquanto faz esses registros. Podemos dividir a linha de base de uma pessoa em comportamento não verbal, comportamento facial e comportamento paraverbal.

Você deve ir anotando (ou memorizando) os dados que precisa observar em cada uma dessas três categorias de dados não verbais.

- **COMPORTAMENTO NÃO VERBAL**
  Diz respeito à linguagem corporal da pessoa observada, ou seja, a tudo o que for comportamento não verbal, menos o rosto e as palavras.

  Gestos: Você deve observar o tipo de gesto, a forma e a frequência com que a pessoa o faz. Deve prestar atenção em: *gestos ilustradores* (que servem como complemento da fala), *gestos pacificadores* (que ocorrem, geralmente, quando nosso nível de ansiedade aumenta, como o autotoque e o automassageamento), *gestos emblemáticos* (utilizados para expressar uma mensagem com significado fortemente emocional, como o famoso "dedo do meio") e *gestos idiossincráticos* (os trejeitos de cada pessoa, sem nenhum significado muito específico). Observar os gestos dará uma ideia do estilo gestual daquela pessoa. Por exemplo, vamos imaginar o seguinte registro de linha de base: determinada pessoa, quando verbaliza algo de que tem convicção (e que você sabe ser verdade ou consegue checar a veracidade), costuma fazer muitos gestos com a mão e sempre aponta com o dedo indicador. Se em determinado momento crítico, com um contexto cabível para dissimulação, essa pessoa para de fazer gestos ao enfatizar algo que diz ser verdade ou faz gestos curtos majoritariamente com o polegar, é muito provável que essa quebra em sua linha de base signifique uma potencial incerteza, por conta dela, em suas próprias palavras. Além de gestos, vale a pena ficar atento também ao autotoque, pois muitas pessoas (em geral as mais ansiosas) já apresentam grande frequência desse comportamento em sua linha de base e o autotoque costuma ser visto por observadores despreparados como um sinal "exclusivo" da mentira; portanto, muito cuidado para não cometer erros em suas análises.

Postura e tronco: A postura pode mostrar muito sobre o interesse de alguém. Uma postura mais relaxada, ou projetada para trás, pode indicar desinteresse ou cansaço, ao passo que uma postura elevada e firme, com a cabeça erguida, evidencia um comportamento mais confiante e atento. Porém é necessário saber a forma-padrão de a pessoa se posicionar, pois há quem ande com a postura caída e os que andam com o peito estufado. Registre a postura em sua linha de base para observar as alterações.

Além da postura, a movimentação do tronco também deve ser registrada: é uma pessoa que se move muito, balançando o corpo para lá e para cá, ou é alguém mais firme, que pouco se move? Na maioria das vezes o tronco está apontado para o interlocutor ou para fora da conversa? É alguém que se posiciona fisicamente mais próximo ou mais afastado de outras pessoas? Todas essas informações contam e podem indicar algo quando se apresenta uma quebra da linha de base. Por exemplo, imagine que determinada pessoa tenha o hábito de nunca se aproximar muito fisicamente dos outros, ficando sempre mais distante, ou interaja já direcionando o tronco para fora, em direção oposta aos interlocutores. Então você percebe que quando ela interage com você é diferente: ela não só chega mais perto do que o normal como também seu tronco está sempre virado de frente para você. Isso pode evidenciar que ela tem grande interesse em você ou em se aproximar de você, ao menos no momento em que adota esse comportamento não verbal.

- **COMPORTAMENTO FACIAL**
Diz respeito às peculiaridades faciais de cada pessoa: rugas, formato de rosto, saliências de pele e todos os detalhes que compõem a linha de base facial. É importante observar a face para não incorrer em erros e julgar algo como uma emoção quando na verdade pode ser apenas um tique nervoso da pessoa. Preste atenção nos seguintes pontos quando registrar a linha de base facial de alguém:

Rugas: O enrugamento-padrão de um rosto pode acabar nos induzindo ao erro. Diversos motivos podem gerar rugas em diferentes partes do rosto — excesso ou uma grande perda de peso, procedimentos estéticos, acidentes, idade, excesso de pele, ações constantes da musculatura — e não cabe a nós tentar julgar a história de vida de ninguém com base em suas rugas, até porque esse tipo de prática não tem validação científica sólida. Precisamos apenas registrar as rugas no rosto da pessoa para não julgar de forma errada suas expressões faciais. Ela tem qual região do rosto mais delineada? O sulco nasolabial? Rugas abaixo dos olhos? Tudo isso conta! Já pensou se você analisa a pessoa e pensa que ela está fazendo uma microexpressão de raiva quando na verdade ela já apresenta um enrugamento-padrão entre as sobrancelhas mesmo quando está em modo neutro? Observe atentamente as linhas de expressão quando for analisar alguém.

Assimetria facial: Na maioria das vezes, uma assimetria momentânea na face pode ser um forte indício de falsa emoção ou até mesmo de desprezo, que se caracteriza pela ação unilateral na face, geralmente gerando um sorriso assimétrico. Contudo, algumas pessoas já apresentam uma grande assimetria facial em sua linha de base. Alguns casos vêm de condições especiais, como um AVC ou uma paralisia facial (pessoas que sofrem com crises epilépticas frequentes podem apresentar certa assimetria facial), e casos assim não têm relação nenhuma com desprezo ou com emoções forjadas. Fique atento a esse ponto também, e se observar alguém que demonstre grande assimetria facial já na linha de base, como um olho que abre mais que o outro, lembre-se de que a assimetria-padrão deve ser respeitada quando a pessoa se emocionar e contrair a face. No caso, se alguém tem um olho maior que o outro e sente raiva genuína a ponto de estreitar os olhos, quando essa ação ocorrer a tendência é que os olhos permaneçam apresentando o mesmo padrão observado na linha de base (um olho estará mais comprimido que o outro, como na linha de base um estava mais aberto que o outro). Isso indicará, então, que a contração foi genuína, pois manteve a assimetria-padrão.

Tiques: Algumas pessoas exibem tiques faciais ou gestos emblemáticos expressados com a face em vez das mãos. Tiques faciais podem ocorrer abruptamente, sem um contexto específico, e tendem a ter uma duração muito longa ou muito curta de contração máxima (conhecida como *apex*, em inglês, ou "ápice"). Já os gestos emblemáticos faciais são reguladores de conversação. A pessoa tenderá a expressar esses gestos (caretas) para enfatizar o que verbaliza, e não para expressar o que sente. Eles são marcados por longa duração e na maioria das vezes por ocorrerem em grande intensidade — como quando elevamos as duas sobrancelhas com força para enfatizar ou demonstrar interesse em uma conversa enquanto dizemos algo como "Sério mesmo? Que legal!" mesmo não estando de fato entusiasmados. Mais uma vez, nem emblemas nem tiques são indicadores emocionais, portanto se atente a isso em suas observações.

Nível de expressividade: Sempre tem alguém com uma cara mais séria, inexpressiva (a chamada "cara de morto", ou "sem emoção"), e isso também deve ser levado em conta quando se registrar a linha de base facial. Algumas pessoas têm um nível de expressividade muito grande, fazendo caras e bocas o tempo todo, enquanto outras não são tão expressivas ou costumam exibir expressões mínimas, com pouquíssimas contrações. A quebra da linha de base pode indicar quando a pessoa reduziu sua atenção e autocontrole emocional, ou seja, quando ela passa a demonstrar com mais ou menos intensidade seus sinais faciais.

- COMPORTAMENTO PARAVERBAL

Diz respeito ao nosso aparelho vocal e ao nosso estilo de interação verbal, ou seja, como falamos e as palavras que escolhemos para falar o que queremos. Como o próprio desenvolvedor da Statement Analysis®, Mark McClish, diz: "A escolha de palavras da pessoa pode revelar muito sobre sua personalidade". As pessoas adotam determinadas formas de se comunicar ou porque aprenderam assim, ou se sentem confortáveis, ou se inspiram em outras pessoas. Você deve observar bem a linha de base paraverbal, sobretudo pelo fato de que um dos canais que mais sofrem alterações quando nos emocionamos é a voz. Portanto, fique atento, quando registrar sua linha de base paraverbal, para os seguintes critérios:

Volume e tom vocal: O volume vocal base de alguém é a potência sonora que essa pessoa alcança quando se comunica normalmente. Todos temos aquele tio que é famoso por falar berrando ou que sempre grita quando chega na sua casa, ou ainda aquele conhecido que fala tão baixo que precisamos até nos projetar na direção dele e pedir para que repita o que disse. Mais uma vez, não cabe a nós julgar a personalidade de ninguém de acordo com a forma como essa pessoa fala, mas registrar o volume-padrão nos permite observar mudanças interessantes, como a queda repentina no volume vocal que apresentamos quando estamos afirmando algo de que não temos certeza ou nos sentimos inseguros com o que estamos dizendo. O tom vocal de alguém pode ser mais agudo ou mais grave e deve ser registrado na linha de base, pois alterações emocionais podem ocasionar alterações nas pregas vocais por conta de secreções hormonais oriundas de processos afetivos, o que acaba por deixar a voz da pessoa momentaneamente mais aguda ou mais grave.

Fluxo verbal: É a frequência com que a pessoa se comunica: mais rápido, mais devagar, com muitas ou poucas pausas e características assim. Alterações no fluxo verbal, como pausas longas, momentâneas, podem ocorrer por esforço cognitivo e (entre outras motivações) por tentativas de manipulação narrativa. Por exemplo: alguém que fala num fluxo mais linear, sem pausas e num ritmo mais acelerado, quando questionado sobre algo crítico pode apresentar mais pausas do que seu padrão caso esteja mentindo e pensando na melhor forma de estabelecer sua narrativa.

Estilo de linguagem: O estilo pode ser definido como formal ou informal: alguns usam mais gírias, palavras-chave ou jargões, enquanto outros preferem uma linguagem mais rígida e séria. Em determinados momentos, por conta de estresse ou ansiedade, podemos quebrar nossa linha de base de linguagem e adotar, por exemplo, um estilo mais formal para dar um tom mais crível ao que estamos falando. Isso costuma ocorrer em comportamentos dissimulados, mas não é uma exclusividade.

Afastamentos verbais: Aqui estamos falando da forma como a pessoa se refere a ela mesma quando se comunica ou conta uma história pessoal: ela utiliza mais pronomes pessoais, como "eu", "meu", "minha"? Ou usa termos menos pessoais, como "a funcionária" em vez de "minha secretária" ou "o sujeito" em vez de "meu colega"? Tudo isso faz parte do registro da linha de base da pessoa e, mais uma vez, pode ajudar muito quando a quebra da linha de base for observada. Imagine que alguém sempre se refere aos colegas de trabalho como "meus amigos", "meus colegas de profissão" ou mesmo "minha equipe", mas, quando fala de você só diz "o fulano" ou "a fulana". Percebe como é bem diferente? Pois é, por isso registre tudo!

Lembre-se de observar com atenção e de registrar o máximo que puder, pois isso vai ajudar ainda mais a entender o que os gestos que aquela pessoa expressa realmente podem significar.

CENÁRIOS PARA REGISTRAR A LINHA DE BASE

Para registrar a linha de base nos critérios preestabelecidos aqui, apresentaremos três situações ou cenários que você pode criar quando for observar o comportamento-padrão de alguém.

Cenário 1: observar a pessoa interagindo com os outros

Quando estamos em momentos neutros e próximos de pessoas (sobretudo daquelas mais íntimas de nós), tendemos a nos expressar sem filtros. Falamos o que vem à cabeça sem pestanejar, nos espreguiçamos ou nos esticamos de forma relaxada, fazemos gestos e poses que não faríamos em outros contextos. São justamente esses momentos que você deve observar. Eu sei que pode soar meio esquisito, mas é interessante que você cultive o hábito de observar a pessoa se expressando quando está confortável ou neutra e com outras pessoas. Basta prestar atenção quando ela fala com alguém mais íntimo ou com um colega que seja mais chegado do que você ou, se você for bem próximo, pode interagir com ela de forma descontraída e observar sua linguagem corporal enquanto ela reage ao que vocês conversam, lembrando sempre de não incomodá-la, afinal esse pode ser um espaço que ela não está querendo ceder deliberadamente.

Um treino que eu costumava fazer bastante era andar pelos metrôs de São Paulo, sem destino específico, observando as pessoas nos vagões. Era muito curioso ver que cada uma adotava uma postura para relaxar, outra para quando ia atender ou mexer no celular e outra para quando ia descer na próxima estação. Eu costumava observar e anotar num caderno, com desenhos, para tentar entender ao máximo as informações que aquela pessoa estava dando para o mundo sobre ela própria sem ao menos saber. Eu fazia esse treino dedutivo em qualquer situação quando me sobrava tempo para exercitar minha capacidade de observação. Como no registro a seguir, de 19 de janeiro de 2015, em que fiz anotações sobre uma ida a um consultório médico.

Algumas observações (a partir da mais alta, associada à mão): "Cabelo bem penteado (com gel)"; "Unhas bem-feitas"; "Rosto corado (nas áreas destacadas)"; "Camisa social de marca boa".

Cenário 2: observar a pessoa falando a verdade

Observar alguém em momentos em que você sabe (ou que é capaz de verificar) que aquela pessoa está falando a verdade ou afirmando algo em que ela realmente acredita é fundamental para discernir entre sinais incongruentes e/ou sinais neutros para ela. Você pode solicitar que essa pessoa conte uma história que você sabe que aconteceu ou presenciou, e enquanto ela vai falando observar e registrar sua linha de base. Você pode conversar com essa pessoa sobre algo de que ela de fato goste, como um filme, um livro, uma série, uma música ou qualquer outra coisa que ela curta. Você pode assistir a vídeos nas redes sociais dessa pessoa, com seus amigos e familiares ou em outros contextos, em que ela está de fato feliz (e você é capaz de confirmar isso). Momentos nos quais ela afirma suas crenças, seus gostos e tudo o que possa estar associado à verdade para ela. Tendo esse registro, será mais fácil para você perceber quando ela alterar esse comportamento e alegar dizer a verdade. Mas sempre vale a pena lembrar: contextos diferentes também podem influenciar na forma de a pessoa responder honestamente. Aja com prudência.

Cenário 3: brincar de verdade ou mentira

Uma forma interessante e descontraída de você obter sinais da pessoa, tanto de registro da linha de base de ela sendo honesta quanto mentindo, é fazer uma brincadeira de "verdade ou mentira" — basicamente, um jogo em que você terá de adivinhar se a pessoa está mentindo ou contando a verdade. A forma como eu costumo fazer é pedindo para a pessoa contar duas histórias, uma verdadeira e uma falsa, e digo para ela que eu terei que acertar qual é qual apenas observando sua linguagem corporal.

Sem que a pessoa perceba, ela está lhe dando a faca e o queijo na mão. Ela mostra sinais quando está sendo honesta e também enquanto está mentindo. Treinar isso com frequência pode melhorar muito suas habilidades de analisar alguém. Uma recomendação é que você já tenha uma boa noção da linha de base dessa pessoa antes de fazer a brincadeira para que seja mais fácil discernir entre sinais-padrão e sinais incongruentes.

Dica: Faça filmagens

Minha dica-bônus para você é: "Filme-se". Quando estiver brincando com alguém próximo e que autorize a filmagem, grave esses desafios de verdade ou mentira para estudar depois. Você verá que, ao desacelerar o vídeo ou voltar, os sinais incongruentes estarão todos lá quando a pessoa mentiu. Isso não só facilitará a compreensão de linha de base e incongruência como também o tornará um detector de mentiras melhor do que o do CSI.

Lembrete

Após essa explicação da linha de base, talvez você esteja achando que agora já sabe tudo o que precisa para nunca mais ser enganado e ler a mente de todas as pessoas, não é? Pois bem, vá com calma! Como já falei e reitero: a linha de base não se altera só quando alguém mente, mas quando a pessoa vivencia fortes emoções ou também quando apresenta um aumento de ansiedade repentino. Analisar a linha de base é ter mais empatia, se colocar no lugar do outro e entender mais essa pessoa. Não se julgue superior nem pense que você já sabe todos os segredos dela, porque isso pode levá-lo ao erro. Analise sempre, porém com prudência.

FILTRO HLC

Policiais que trabalham no atendimento de chamadas emergenciais são profissionais bastante acostumados com enganação, pois lidam diariamente com falsas chamadas ou os famosos trotes (segundo pesquisas, cerca de 15% das chamadas feitas para a polícia são trotes). Isso faz com que eles logo tentem discernir se a situação é séria ou se a pessoa está mentindo ou "brincando" com eles.

Talvez tenha sido com isso em mente que uma operadora de chamadas da Polícia Militar atendeu uma ligação suspeita no meio da madrugada na cidade de São Paulo em 2010. Conforme a matéria exibida por um telejornal da Rede Globo, que mostra a gravação da chamada emergencial, a policial se identifica, ao atender: "Polícia Militar, Emergência". Em seguida, depois de uma longa pausa, alguém fala calmamente, num volume baixo: "Eu fui sequestrada". A policial deve ter pensado algo como "Quem foi sequestrado não fala calmo assim, e nem baixinho assim! Que brincadeira é essa?", pois após pensar um pouco ela respondeu de forma ríspida: "Dando trote na polícia a essa hora da madrugada, querida? É brincadeira!". Então, mais rápido, porém ainda num volume vocal não elevado, como se fosse um sussurro, a outra voz respondeu: "Não é trote, tia, eu fui sequestrada". A matéria em questão se refere ao sequestro de uma menina de oito anos. Ela foi sequestrada por sua prima e pelo namorado dela, e mantida em cativeiro por catorze dias, sendo abusada sexualmente, agredida e privada de se alimentar. Acontece que quando a menina telefonou estava presa dentro de um armário (onde teria sido mantida por boa parte do período de seu cativeiro) e estava ligando do celular do sequestrador, que conseguira pegar enquanto o rapaz estava dormindo. Ela não podia berrar nem falar muito alto, pois poderia acordar os sequestradores, ou seja, fazia sentido que estivesse falando baixo e de maneira calma. Felizmente, a menina conseguiu contatar a polícia, e, depois de entender a situação, a operadora efetuou uma ação para resgatá-la e prender os criminosos.

O fato que chamou mais atenção foi a operadora não ter acreditado de primeira que era uma chamada de emergência. Como descrevi no início dessa narrativa, ela talvez estivesse acostumada com trotes. Não há registro dessa policial comentando o ocorrido, mas ela pode ter associado a voz calma e em volume baixo com alguém passando um trote. Como observamos, o contexto da situação justifica todos esses "sinais suspeitos": a vítima tinha medo de alertar os sequestradores e era uma criança sem conhecimento de situações de urgência.

Contei essa introdução para justificar que não apenas o contexto mas também a linha de base fazem parte do filtro que devemos utilizar sempre que estivermos analisando a linguagem corporal de alguém: o filtro HLC.

HISTÓRIA, LINHA DE BASE, CONTEXTO

O nome original desse filtro é ABC, que vem de *Account, Baseline, Context* e foi desenvolvido pela Emotional Intelligence Academy para ser utilizado na aplicação do protocolo SCAns. O filtro HCL é uma das principais ferramentas para não fazermos uma análise errada ou enviesada. Ele visa barrar sinais que venham da linha de base ou que sejam justificáveis pelo contexto ou pela história que a pessoa está contando. Você deve sempre aplicar o HLC para entender se suas observações estão corretas ou se está cometendo um erro ao julgar os sinais específicos que analisou. Caso observe determinados sinais, e eles sejam facilmente justificáveis pelo HLC, você deve desqualificá-los como "sinais incongruentes". Vamos entender melhor cada camada do filtro.

HISTÓRIA: É aquilo que a pessoa está verbalizando como "verdadeiro", segundo ela. Você deve, antes de mais nada, tentar entender se existe consistência ou coerência no que ela diz pela forma como está agindo. Pegando o nosso exemplo: uma criança de oito anos chamar uma oficial da lei de "tia" logo antes de comunicar um sequestro é algo concebível? É fácil crer que sim, por se tratar de uma forma comum à fala de pessoas mais novas e pela falta de conhecimento ou dimensionamento de uma criança a respeito da gravidade de um sequestro. Logo, por mais suspeito que pareça, faz total sentido a fala "Tia, eu fui sequestrada" nessa história. Por isso, sempre se lembre do conceito de *Gathering Information* (Coleta de informações, em tradução livre). Seguindo esse conceito você estará a todo momento tentando juntar mais informações, mais dados, mais peças que possam ajudar a formar melhor a história, as motivações e as justificativas daquilo que a outra pessoa está tentando dizer. Suas roupas condizem com o que ela fala? Com a história que ela relata? Ela possui algum objeto religioso? Isso condiz com o teor moral que ela levanta em sua história? Tudo pode ser fonte de observação para olhos bem treinados.

LINHA DE BASE: Relembrando, a linha de base é a forma não verbal padrão ou espontânea de cada pessoa se comportar. Seus trejeitos, seus gestos, suas caras e bocas, suas gírias e muito mais podem fazer parte da sua forma neutra de se comunicar. Os sinais observados na linha de base não podem ser levados em conta como incongruentes por já serem potenciais peculiaridades da pessoa observada.

CONTEXTO: Fazem parte do contexto todas as informações relevantes para entender a situação como um todo. Desde histórias pessoais dos envolvidos, passando por sua linguagem corporal e até o simples fato de um ar--condicionado estar ligado ou desligado: tudo o que envolve a situação naquele momento é parte do contexto. Imagine que numa negociação dentro de uma empresa um dos interlocutores comece a cruzar os braços logo após falar sobre valores comerciais. Seria isso um alerta? Ele estaria mentindo? Se você tem apenas essa informação como sinal é muito mais provável que ele esteja apenas cruzando os braços por estar com frio, afinal, é bem provável que nesse cenário de ambiente corporativo tenha um ar-condicionado ligado. Pegando nosso exemplo do sequestro, por mais que o volume vocal baixo seja um potencial sinal associado a dissimulação, a menina estava dentro de um armário, com seus sequestradores dormindo logo ao lado; ela de fato não podia falar alto, e o mero contexto situacional justificava isso, logo esse "volume baixo" passa a ser, nesse caso e nesse momento, um sinal sem significado nenhum para analisar a dissimulação.

É extremamente recomendado que você use o filtro HLC, pois, além de impedir que você cometa erros, ele também pode ajudá-lo a ter mais consciência do que é e do que não é um sinal incongruente, automatizando muito mais seu processo de análise.

COMO O MENTIROSO VAZA SUAS MENTIRAS

Já sabemos que durante uma dissimulação o mentiroso será estimulado por cargas cognitivas e emocionais. Essa pressão mental fará com que ele tente, entre outras coisas, aplicar técnicas de autocontrole emocional, o que resultará em ainda mais pressão e mais ações de seu sistema nervoso autônomo na tentativa de acalmar e estimular seu cérebro durante a mentira, fazendo com que ele acabe emitindo sinais não verbais negativos que denunciem sua discordância. É possível separar esses "vazamentos" em três principais categorias: sinais incongruentes, vazamento da mentira e incoerência contextual.

Sinais incongruentes: São sinais não verbais emitidos pelo corpo que não concordam com o que a pessoa está dizendo. Imagine uma situação em que alguém diz que gosta de outra pessoa, mas com uma expressão de desprezo na face, uma negação de cabeça e um fluxo verbal bem pausado: "Eu... É... Sim, claro... Gosto... dela". Teríamos aí um conjunto de sinais incongruentes.

Vazamento da mentira: É o que acontece quando estamos sob forte pressão cognitiva e emocional ao mesmo tempo. Durante a mentira nosso esforço cognitivo é maior por causa de várias demandas da nossa atenção, e em paralelo a isso ainda temos a experiência emocional de estar mentindo — podemos, por exemplo, estar com medo de sermos pegos na mentira. Essa pressão emocional e mental atrapalha nossa orientação de foco e monitoramento cerebral (metaconsciência), a tarefa de prestarmos atenção ao que estamos pensando e ao que estamos falando para não dar com a língua nos dentes. É aí que o mentiroso se atrapalha: em vez de apenas monitorar o que não deveria dizer ele acessa essa informação, e quando percebe já a verbalizou também. São os famosos casos de ato falho ou lapsos freudianos.

Incoerência contextual: Ocorre quando a história é desmentida por um fato, um objeto, uma prova ou uma evidência que indique o contrário do que está sendo dito. Por exemplo, vestígios de que o carro foi utilizado ou uma mancha nele quando a pessoa jura que ficou em casa. Esse tipo de forma de se pegar um mentiroso é mais complexa e envolve um trabalho mais ativo e não apenas observacional, sendo necessário um processo e conhecimento mínimo de investigação e levantamento de evidências. A incoerência contextual também pode ocorrer quando observamos que a narrativa relatada não faz sentido. Imagine que alguém diz estar morrendo de saudade de você, que quer ficar contigo, mas você vê que a pessoa não para um dia em casa, está sempre em festas, tem um histórico de se relacionar com pessoas diferentes com certa frequência e, para completar, quando vocês estão juntos, ela passa mais tempo interagindo com outras pessoas ou no celular do que com você. Essa afirmação de "Estou com saudade, quero ficar só com você" faz sentido? Muito provavelmente não.

Estas são as principais formas de se pegar um mentiroso, sendo a mais comum (e a que você mais vai ver no seu dia a dia) a primeira: os sinais incongruentes. Estima-se, em média, que durante uma conversa importante uma pessoa pode chegar a contar cerca de três mentiras a cada dez minutos. Imagine então quantos sinais incongruentes passam pelos seus olhos diariamente. Você está atento a eles?

MAS, AFINAL, POR QUE AS PESSOAS MENTEM?

Já falamos sobre como identificar uma mentira, mas, no fim das contas, o que leva alguém a mentir? Embora não exista resposta simples, estudos indicam que a maioria de nós mente pelas mesmas razões, ou buscando os mesmos objetivos. Anteriormente, citei a manipulação como o nono tipo de mentira mais praticado pelas pessoas. Quais seriam os outros? De acordo com Paul Ekman, mentimos para:

EVITAR PUNIÇÃO: Essa motivação é simples: todo mundo busca fugir da dor. Aqui estamos falando de quando a pessoa mente para evitar alguma punição, seja ela receber uma bronca de um superior (ou dos pais), perder o emprego ou uma condição especial, ser preso, arcar com multas e outros encargos que envolvam a esfera financeira.

OBTER RECOMPENSA: Uma tendência natural do ser humano é buscar sempre algo melhor para si e para aqueles que ama. Aqui temos a segunda motivação universal da dissimulação, que se resume a contextos em que, por meio da mentira e de seu sucesso para com suas vítimas, a pessoa obtém alguma vantagem material, seja ela um cargo melhor, um emprego ou qualquer bem que possa lhe gerar lucro.

PROTEGER OUTRA PESSOA DE SER PUNIDA: Resume-se a contextos em que a mentira pode proteger ou livrar alguém próximo do mentiroso de sofrer punições. Por exemplo, como quando estamos na escola e assumimos a culpa de algum erro para que um amigo não seja punido. Segundo as pesquisas de Paul Ekman, essa motivação é mais comum entre as mulheres do que entre os homens.

PROTEGER OUTRA PESSOA DE SOFRER DANOS FÍSICOS: Essa motivação está fortemente relacionada à anterior. A principal diferença é que nesse caso a pessoa mente para evitar que alguém próximo sofra danos físicos. Por exemplo, quando um irmão mente para a mãe sobre algo apenas para que o outro irmão não sofra castigo físico.

CONQUISTAR ADMIRAÇÃO ALHEIA: Essa motivação está fortemente associada a status, e é bastante comum em adolescentes e homens jovens. Resume-se a situações em que a mentira desempenha o papel de melhorar a imagem do mentiroso em seu meio social, como quando um rapaz inventa que ficou com alguém apenas para ganhar popularidade entre os amigos.

LIVRAR-SE DE SITUAÇÕES DESAGRADÁVEIS: Aqui a mentira não é tão prejudicial às pessoas ao redor. Ocorre quando tentamos evitar situações incômodas sem criar confusão, como nas vezes em que não estamos dispostos para a visita daquele amigo ou daquele familiar e dizemos que temos algum compromisso inadiável, ou que estamos doentes.

EVITAR PASSAR VERGONHA OU CONSTRANGIMENTO: Outra motivação inofensiva. É quando queremos evitar momentos embaraçosos, como uma criança que diz que o colchão está molhado porque tinha água pingando do teto em vez de admitir que fez xixi na cama.

MANTER A PRIVACIDADE SEM CHAMAR A ATENÇÃO: Essa é a motivação mais comum e inofensiva. Ocorre quando queremos nos preservar sem alarmar os outros. Por exemplo, quando dizemos que não estamos nos sentindo muito bem, ou que temos outro compromisso, apenas para poder ir embora daquele local e utilizar o banheiro.

EXERCER PODER SOBRE OS OUTROS: Se a motivação anterior era a mais leve, esta com certeza é a mais pesada de todas. Aqui estamos falando de manipulação por meio do controle e da interpretação de informações. É quando a pessoa mente, altera ou cria dados apenas para mudar a forma como sua vítima interpreta determinado assunto e, assim, exerce poder sobre ela.

VOCÊ ESTÁ ATENTO OU EMOTIVO?

Roberto (nome fictício), um empresário e investidor do ramo de tecnologia, estava animado com sua visita a uma determinada empresa naquele dia. Ele iria conversar com o presidente e com o cofundador da marca para entender melhor como funcionava tudo ali, pois Roberto estava em tratativas comerciais para realizar uma nova aquisição — ele pretendia comprar a empresa.

Ao chegar ao local, Roberto encontrou o homem que iria fazer uma visita guiada com ele. Conversaram. O homem era muito simpático e entendia bastante sobre o produto que sua empresa fornecia, e os dois criaram uma conexão empática. Começaram então a visita. Roberto ficou positivamente surpreso com o que viu: a equipe parecia vibrante, os funcionários entravam e saíam de salas carregando papéis, conversando sobre assuntos técnicos, levando equipamentos e caixas de um lado para o outro. Em outra seção, estavam compenetrados em seus computadores, digitando, fazendo ligações. A maioria aparentava estar de bom humor e sorridente, apesar do excesso de trabalho. Roberto nunca tinha visto um comportamento corporativo daquele tipo, e aquilo o deixou muito feliz. Ele pensou no quanto seria bom ter uma equipe assim em sua nova aquisição... e foi nesse exato momento que uma fagulha de dúvida se acendeu em sua cabeça: por que o dono de uma empresa com uma equipe tão dedicada e tão bem relacionada estaria querendo se desfazer dela?

Um detalhe bastou para Roberto alterar sua percepção. Naquele momento decidiu que prestaria mais atenção em vez de apenas ficar maravilhado com o que estava vendo. Pediu então para dar uma volta sozinho e ver uma ou outra área da empresa que disse ter gostado muito. Começou a andar mais devagar, observando tudo de forma crítica e não emocionada, atento aos detalhes. De repente algo chamou sua atenção: ao olhar para uma sala, percebeu que todos os funcionários ali, que antes aparentavam estar compenetrados em seus computadores e digitando com voracidade, estavam, na verdade, olhando para telas de texto. Ele observou os funcionários por alguns minutos e constatou que eles não mudavam de janela, ficavam apenas digitando, sem parar. Roberto achou aquilo muito estranho: quem estaria tão compenetrado em digitar textos em uma empresa de tecnologia? Eles escrevem artigos? Por que todos naquela sala estavam encarando páginas de texto e escrevendo sem parar? Foi quando ele se aproximou da sala devagar, para que ninguém percebesse, e observando com atenção constatou que os funcionários digitavam sem parar, mas não escreviam nenhuma palavra ou frase com sentido lógico: eram apenas números e letras em sequência, como kajslpaksolao12ka skalsj awil'ksksk.

Roberto ficou mais uma vez surpreso, mas agora não de forma positiva. Entrou na sala e logo os funcionários o olharam, nervosos. A maioria então mudou de tela e começou a fazer outras coisas. Roberto se aproximou de um deles, que estava escrevendo um bocado. Depois de conversar brevemente com o funcionário e revelar que ele seria seu novo chefe, pediu para ver o que ele estava escrevendo. O funcionário hesitou, ficou extremamente ansioso e não demorou muito para que Roberto entendesse que aquilo era uma farsa. Conversando com outro funcionário, ficou sabendo que na verdade nenhum deles era empregado da empresa, mas sim um grupo de atores. Eles tinham sido contratados para atuarem e fingirem ser funcionários, uma espécie de figuração durante a sua visita. Obviamente, ao saber disso Roberto ficou frustrado com aquela tentativa de enganação e cancelou suas negociações com a empresa. Depois, refletindo melhor, ele entendeu como o peso daquela situação poderia ter sido muito maior e como ele poderia ter perdido tempo e dinheiro com uma empresa que não era o que aparentava. Em outras palavras, ele refletiu sobre a importância da atenção em detrimento das consequências de uma mentira da qual ele quase foi vítima.

Nessa situação real descrita no livro *Detector de mentiras*, de Pamela Meyer, conseguimos vislumbrar um desfecho positivo para o protagonista, mas é importante ressaltar que se o comportamento dele tivesse sido outro, pendendo mais para o lado emocional, muito provavelmente os resultados também seriam outros. Não prestar total atenção numa situação pode ser mais pesaroso do que se pensa, pois pode custar, muitas vezes, seu tempo, seu dinheiro, seu estado de saúde e sua saúde mental.

Infelizmente, em alguns casos, pode até custar sua vida. Em 2019, um policial militar sofreu uma tentativa de assalto no bairro do Aricanduva, na zona leste de São Paulo. Ele desceu da moto e conseguiu trocar tiros com os dois ladrões, alvejando e derrubando um deles, que ficou no chão. Muito nervoso com a situação, o policial, também ferido, se afastou da cena para chamar a emergência. Conseguiu fazer a ligação e se tranquilizou, sentou na calçada e ficou ali compenetrado, quem sabe focado no pedido de socorro que estava fazendo. Infelizmente não viu que o jovem no chão estava se fingindo de desmaiado. O garoto então se levantou, se aproximou do PM, arrancou a arma da mão dele e quando o policial percebeu já era tarde demais: levou um tiro na nuca. É incoerente julgar a reação do PM não estando lá, no calor da hora, mas o que podemos tentar aprender com situações assim é: sempre preste atenção ao seu entorno e nas outras pessoas. Observe de forma atenta.

ATENÇÃO CONSCIENTE

Como estamos falando aqui sobre linguagem corporal de modo geral, e não apenas sobre detecção de mentiras — até porque só esse tema daria um livro inteiro —, reforço a importância de você melhorar sua atenção quando conversar com outras pessoas. Para isso, é válido frisar o conceito de *Gathering Information*, ou seja, buscar obter informações por mais de uma fonte. De modo geral, até pela quantidade de estímulos que recebemos no cotidiano, tendemos a ser um tanto passivos quando interagimos com outras pessoas: nos limitamos a prestar atenção apenas nas palavras que dizem, sem nos questionarmos se estão sendo coerentes ou congruentes (claro que vez ou outra nosso sexto sentido nos alerta, mas infelizmente isso ocorre na minoria das vezes); tendemos a concordar com o que nos é apresentado primeiro, ou então nos aferramos a ideias ou coisas que se encaixam em padrões preestabelecidos na nossa vida. Um exemplo disso é quando tentamos mudar um hábito e nos vemos seguindo a rotina antiga sem nem perceber. Quem nunca tentou começar uma dieta ou uma rotina de exercícios ou acordar mais cedo e em pouquíssimo tempo se viu fazendo as coisas exatamente como antes, comendo da mesma forma ou acordando no mesmo horário? Isso significa viver no piloto automático.

Não é necessariamente errado ou ruim ser assim. Na verdade, o nosso cérebro prefere padrões, pois dessa forma gasta menos energia repetindo ideias ou tarefas que já fez antes (então muito cuidado com os seus hábitos). Contudo, ser um observador passivo significa apenas absorver o que lhe é transmitido enquanto interage com as outras pessoas, e isso sim pode ser péssimo. Quem nunca confiou apenas no que a outra pessoa disse e quebrou a cara? Eu mesmo não escapei: quando era mais novo, uma garota de quem eu gostava me convenceu a fazer uma festa na minha casa e a chamar o pessoal da sala. De última hora ela me perguntou se podia levar uma amiga. Eu ouvi o que ela disse ("Posso levar uma amiga?") e não vi problema nenhum naquilo, até estranhei: "Nossa, pra que perguntar isso? Ela é minha amiga e sabe que eu não ficaria bravo se ela levasse alguém", e disse que sim. Acontece que ela, além de chegar quase no fim da festa, levou um cara, e não uma amiga. E passou o tempo todo com o sujeito.

É por esse e muitos outros motivos que não devemos ser observadores passivos. A ideia de *Gathering Information* é sempre tentar reunir informações sobre a situação. Na prática, isso significa ser mais ativo em suas interações: questionar mais, fazer perguntas abertas, observar mais, raciocinar mais sobre o que lhe dizem, pedir provas, evidências.

Quando for interagir com alguém, se esforce para não cair no piloto automático. Tente pensar: "Vamos lá, vou tentar entender o que essa pessoa está sentindo enquanto conversa comigo e como ela se sente em relação ao que ela mesma está falando". Se condicione a ser mais atento, e com prática e um pouco de tempo seu cérebro começará a mudar a chavinha de "piloto automático passivo" para "automaticamente atento". A seguir vão duas dicas para ajudá-lo a ser mais atento em interações.

Estimule a conversação

Gere engajamento na conversa, demonstre interesse pelo que a outra pessoa está falando e, mais importante, não tente bancar o "policial durão" dos filmes, pressionando de forma grosseira, mesmo que você ache que ela está mentindo. Apesar de parecer legal nos filmes, a eficácia dessa abordagem termina ali nos créditos finais mesmo, como inúmeros psicólogos da área jurídica reiteram, entre eles Aldert Vrij. Já falei sobre isso algumas vezes e sempre tem um ou outro policial que confirma que essa abordagem não funciona. Um policial com formação em psicologia que participou de um curso meu em João Pessoa, na Paraíba, me disse que além de isso não funcionar com os suspeitos o mais aconselhado é que o policial converse de forma a gerar uma conexão emocional, ou seja, para conseguir uma confissão é mais indicado que o policial dialogue positivamente com os suspeitos e os mantenha falando.

Você pode fazer uso de perguntas abertas para estimular a conversação. Perguntas abertas são aquelas que não podem ser respondidas apenas com sim ou não, ou seja, elas já são feitas para não encerrar logo a conversa (e são, inclusive, muito recomendadas em abordagens de sedução). Por exemplo, se você está interessado em alguém e pergunta algo como "Oi, tudo bem?", "Você vem sempre aqui?" ou "Está gostando do evento?", as respostas são limitadas apenas a "sim" ou "não", e então a conversa morre. Em vez disso, você pode tentar perguntar abertamente: "Oi, não tinha te visto, onde você estava?", "E aí, o que você fez de bom aqui hoje?", "Chegou a que horas?". Perguntas assim já lhe dão uma variedade maior de assuntos; a pessoa pode responder coisas diferentes e falar mais, e nisso ela acaba revelando informações críticas para você, por isso é recomendável que você dê preferência a perguntas abertas.

Não foque em um único ponto

A segunda dica é um alerta para que você esteja com seu radar não verbal bem sintonizado e não perca sinais importantes. Para evitar perder um ou outro sinal, o ideal é apenas não se concentrar em nada específico. Tente manter sua abordagem sem focar demais num único ponto (e já aviso que isso é muito difícil, ainda mais quando começamos a analisar a linguagem corporal em tempo real, então pratique bastante). Enquanto fala com a pessoa, ouça o que ela tem a dizer mas não fique preso a suas palavras, tentando contar quantas pausas ou gaguejadas ela dá; observe o rosto dela, mas não fique olhando obcecadamente à espera de uma contração ou um enrugamento. Muitas vezes algo importante acontece quando não estamos olhando. Assim também é na linguagem corporal: se você se concentrar apenas no rosto, perderá os sinais do corpo; se tentar analisar só gestos ou postura, perderá a visão do rosto. Então aqui vai um conselho: não fique muito perto da pessoa que está observando e tente deixá-la inteiramente no seu campo de visão. Dessa forma, sua visão panorâmica poderá captar mais sinais do que se você tentasse manter apenas uma visão objetiva nisso ou naquilo.

4. Analisando emoções na face

Já falamos sobre microexpressões faciais e sobre a universalidade de nossas microexpressões faciais emocionais. Agora vamos nos aprofundar nesse tema e entender quais são os sinais característicos (chamados de AUS Nucleares) de cada uma das sete emoções universais. Lembrando que o modelo de taxonomia facial em que nos basearemos para falar de microexpressões faciais emocionais é o FACS, junto com a teoria de Ekman que classifica as emoções em sete emoções primárias, que seriam a base para outros comportamentos emocionais derivados ou secundários: felicidade, raiva, medo, nojo, desprezo, surpresa e tristeza. Cada uma dessas sete emoções, quando processada no cérebro, emite determinada contração no rosto, formando uma microexpressão facial emocional (e não, não ocorrem duas emoções na face ao mesmo tempo; o que pode ocorrer é uma breve sucessão de contrações faciais).

O QUE É UMA MICROEXPRESSÃO FACIAL?

Falando de maneira resumida e criteriosa, uma microexpressão facial emocional é um evento momentâneo na face em que alguns músculos se contraem fazendo determinada expressão, de forma muito rápida (em menos de dois segundos), quando uma emoção é sentida no cérebro (a emoção origina a expressão). Os seguintes fatores qualificam um evento facial como uma microexpressão facial emocional:

- **Timing:** Uma microexpressão facial é uma contração muito rápida na face. Ekman diz que ela pode ser como um relâmpago, contraindo e relaxando toda a musculatura facial em menos de um segundo. Em alguns casos pode chegar a até três segundos, mas não é o que costuma ocorrer.

- **Combinação:** Determinada emoção ativará determinados músculos que gerarão determinada combinação de sinais na face, como rugas, sulcos, saliência de pele, entre outros — isso resume uma microexpressão facial. É preciso entender os núcleos emocionais na face, ou seja, qual musculatura é contraída e durante qual emoção, mas basicamente é assim que funciona: cada emoção tem seu núcleo de músculos para expressá-la na face.

- **Gradual:** Conforme os trabalhos de Ekman, Friesen, Vrij e Lansley, quando sentimos determinada emoção e a expressamos de forma genuína na face, a tendência é que essa contração ocorra de forma gradual. O rosto começa a se contrair de forma leve, atinge o seu ponto mais intenso de contração e enrugamento e depois volta para a sua forma neutra, não contraída. Eventos em que a pessoa está neutra e de repente tem a face toda tensionada e então volta ao estado neutro podem ser vistos como uma tentativa de posar determinada emoção.

É importante destacar que além de comportamentos emocionais como as microexpressões faciais, a nossa face também possui formas de expressão conhecidas como macroexpressões faciais. Estas não têm relação direta com as emoções e podem ser manipuladas de forma consciente e racional, ou ocorrer de forma emocional em detrimento de um comportamento micromomentâneo previamente expresso na face. Um bom exemplo é a risada: ficamos gargalhando e sorrindo por alguns segundos ou até mesmo minutos e isso não significa que essa face seja falsa e que nós não estejamos felizes ou rindo de verdade; como acontece com toda emoção, a risada foi originada por uma microexpressão, nesse caso de felicidade, que então se intensificou na qualidade emocional e gerou uma macroexpressão de felicidade na forma de risada ou de gargalhada.

SE CONCENTRAR PARA NÃO EXPRESSAR

Você provavelmente acha que deve ser muito fácil segurar as suas emoções e controlar a sua face, certo? Pois bem, não é o que as pesquisas feitas por Carolyn Hurley e Mark G. Frank dizem. Eles descobriram que conseguimos reduzir as microexpressões faciais de forma consciente em até 30%, porém não somos capazes de evitar totalmente que elas ocorram. E essa falta de controle consciente das nossas expressões faciais ocorre por causa das regiões no cérebro nas quais as emoções e a razão são processadas.

O nosso cérebro é construído de baixo para cima: o tronco encefálico, na base do cérebro, é responsável por nossas funções mais primitivas, enquanto o lobo pré-frontal e o neocórtex, localizados no topo, cuidam da razão e do pensamento crítico e racional. No meio de tudo isso nós temos o sistema límbico, muitas vezes chamado de "cérebro mamífero", que é sobretudo a porção que nós partilhamos com todos os outros mamíferos e está fortemente associada ao processamento emocional.

Como o sistema límbico é uma região mais antiga no processo evolutivo do que as regiões superiores, que têm funções administrativas, é possível entender que o sistema límbico tem uma ativação mais rápida do que as partes superiores, como o lobo pré-frontal, e por isso podemos dizer que o impulso emocional e a reação emocional sempre virão antes do pensamento crítico e racional, ainda que com pouco tempo de diferença. Em uma situação crítica, a emoção dispara antes da ideia consciente de tentar se conter. Portanto não adianta pensar que é só se concentrar que as microexpressões não vão se manifestar, pois não é assim que acontece.

Mas isso é uma notícia boa: significa que tanto você quanto as pessoas do seu convívio diário, pessoal ou profissional, também não serão capazes de esconder as microexpressões faciais, e em determinados contextos essa capacidade de tentar controlar as microexpressões faciais diminui ainda mais. No experimento feito com estudantes de enfermagem de que já falamos, Ekman observou que em contextos de alta pressão cognitiva e sobretudo em que a pessoa tem o objetivo de não expressar determinada intenção a tendência é que o autocontrole diminua e suas respostas não verbais se tornem ainda mais evidentes para nós, observadores atentos.

Porém, como sempre, cabe uma ressalva: não é porque você está vendo uma microexpressão facial emocional que automaticamente sabe ler a mente da pessoa e o que está por trás daquela expressão. Lembre-se do erro de Otelo.

O CÓDIGO EMOCIONAL

Como já vimos, após estudar e compreender o comportamento facial e as microexpressões faciais emocionais, Ekman, junto com Friesen, criou o sistema FACS de taxonomia facial — um sistema que visa estudar a face de forma organizada e categorizada, correlacionando os eventos faciais (como enrugamento, saliência de pele, forma) com a anatomia da face e separando as contrações faciais em unidades de ação (AU, do inglês *action units*).

Além do FACS, Ekman e outros codificadores faciais observaram que era possível descobrir quais músculos (ou quais unidades de ação) estavam envolvidos sempre que determinada expressão surgia no rosto. A partir disso se criou um método muito mais organizado. Em vez de "Sobrancelhas apertadas, lábios comprimidos, olhos estreitos: essa pessoa sentiu raiva", eles apenas descrevem eventos dessa natureza como "AU 4 + AU 7 + AU 24 = raiva" (veja a imagem na p. 81). Foi criado então um catálogo chamado EM-FACS, separando cada unidade de ação que estava mais relacionada (ou seja, mais presente) nas contrações faciais de determinada expressão emocional. Por exemplo: tensão entre as sobrancelhas, angulando a região interior das sobrancelhas para baixo e criando uma saliência de pele na região glabelar (raiz do nariz) era o que ocorria quando a AU 4 estava ativada, mas isso também ocorria durante quase toda expressão facial de raiva, logo eles colocaram no catálogo "RAIVA: AU 4".

Aqui entendemos que cada emoção possui algumas unidades de ação específicas que estão mais presentes na face sempre que essa emoção for expressa. E lembremos que cada umas dessas AUS só é codificada como emocional quando atende aos principais critérios de uma microexpressão, já mencionados (timing, combinação, intensidade gradual etc.).

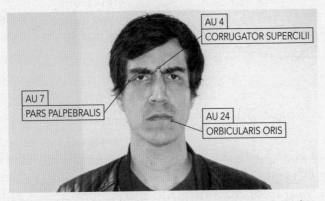

Nesta imagem exemplificamos as unidades de ação (AUs) utilizadas na codificação da microexpressão facial de raiva, bem como a musculatura acionada durante o processo dessa microexpressão facial. Codificação em FACS: AUs: 4 + 7 + 24 = raiva.

Por uma questão prática, nosso foco neste livro não será estudar as AUs ou as peculiaridades da face ou mesmo do sistema FACS (até porque já existe o manual FACS, um calhamaço com mais de seiscentas páginas abordando a anatomia facial e as diretrizes para se analisar a face). Aqui veremos como é a face de cada emoção tomando como exemplo as principais ocorrências faciais, aquelas que você verá com mais frequência tanto em seu cotidiano profissional quanto na vida pessoal. Usarei uma linguagem mais objetiva e didática para que você possa entender de forma rápida os sinais que surgirão no rosto de alguém sempre que uma emoção se expressar ali.

O objetivo é que você procure observar essas contrações na face das pessoas ao seu redor e também — imprescindível se quiser começar a analisar expressões faciais com facilidade — treinar no espelho ou com vídeos. Treinar assistindo a vídeos em que você mesmo faz essas contrações faciais emocionais vai ajudá-lo a reconhecer mais cada emoção, pois é uma forma de você analisar algo já sabendo o que estava sentindo naquele momento. Vamos agora entender então quais os principais sinais de cada emoção na face.

A RAIVA NA FACE

A raiva é descrita por Ekman como uma das emoções mais ativas. Ela tende, portanto, a gerar mais movimento, mais contrações, mais atividade. Um dos principais gatilhos emocionais da raiva é a sensação de impulso barrado ou cessado por terceiros. É justamente quando queremos fazer algo e somos impossibilitados de concretizá-lo por alguma força ou pessoa. De forma prática, podemos observar isso no nosso processo evolutivo: nossos ancestrais saíam para caçar e se aproximavam de suas presas, mas, quando já conseguiam sentir o cheiro do jantar que aquele animal lhes renderia, eram surpreendidos por outro predador ou outro grupo de caçadores perseguindo a mesma presa. Naquele momento era necessária uma resposta do nosso organismo em prol da sobrevivência para que pudéssemos lutar e garantir nossa comida e então entrava em jogo o gatilho emocional da raiva.

Uma curiosidade rápida: como o próprio Damásio diz, nossas respostas emocionais primárias terão sempre associações diretas com a sobrevivência, e em decorrência delas nossas emoções secundárias e outras tantas deverão se desenvolver. No trânsito, ofender alguém e buzinar quando nos fecham ou param na nossa frente são reflexos da nossa emoção de raiva, instintivamente nos dizendo que se alguém nos fecha, podemos nos atrasar para o trabalho, se nos atrasarmos podemos perder o emprego, se perdermos o emprego não comeremos nem teremos um teto para morar, e sem comida e sem abrigo morreremos. Ou seja, é a sobrevivência sempre fazendo seu papel nas nossas respostas instintivas.

SINAIS DA RAIVA

Raiva significa "tensão". A tendência é que os sinais que aparecem na face quando alguém experimenta essa emoção sejam fortemente observáveis tanto na região superior (sobrancelha, olhos) quanto na inferior (boca, maxilar). Os sinais podem ocorrer em conjunto (mais comum) ou de forma separada.

- **Face inferior:** Lábios se comprimem e se enrugam.

- **Face superior:** Pálpebras se tensionam e se estreitam. Olhos podem se arregalar e adquirir um brilho intenso. A região entre as sobrancelhas se tensiona, e estas se abaixam e se aproximam, tomando a forma de ângulo descendente do meio para a parte interna.

Neste exemplo, apesar de ser uma foto posada, conseguimos ver os lábios apertados, tensão entre as sobrancelhas, ângulo descendente do meio das sobrancelhas em direção à raiz nasal e tensão nas pálpebras (mais visível na pálpebra inferior). Essa expressão, com projeção corporal (como na foto), é muito comum em posturas corporais de pré-agressão.

Neste exemplo, a intensidade de contração muscular que usamos como critério (localizada entre as sobrancelhas, na foto) é bem menor, e para ajudar os lábios não estão apertados; porém, na face superior podemos observar que as sobrancelhas se direcionam (em diagonal para baixo) em direção à raiz nasal e há poucas rugas transversais (junto com pequenas saliências de pele) entre as sobrancelhas, também na região da raiz nasal. As pálpebras se tensionam de leve.

O MEDO NA FACE

O medo é a emoção associada à preservação do nosso organismo perante dano potencial (ou imaginário) aos nossos tecidos ou à nossa saúde mental. O medo ativa respostas de luta ou fuga para nos salvar dos perigos, e geralmente faz isso redistribuindo a energia corporal entre as pernas e os braços — é por causa desse deslocamento de fluxo sanguíneo que você sente aquele "gelo" na espinha ou um calafrio na nuca quando está com medo. É uma expressão facilmente reconhecível pelo aumento na abertura ocular.

SINAIS DO MEDO

- **Face inferior:** Cantos dos lábios se esticam (são puxados lateralmente pelo músculo risório). Linha da boca se estende na horizontal. Aparecem rugas laterais à boca ou ao canto dos lábios. Pode ocorrer abertura da boca e exibição da arcada dentária.

- **Face superior:** Olhos se arregalam. Também pode ocorrer tensão palpebral. Sobrancelhas tendem a se elevar. Pupilas se dilatam, assim como as narinas (embora esse seja um critério comum para outras respostas psicofisiológicas, então muito cuidado ao observar pupilas e narinas).

Neste exemplo, conseguimos ver na face inferior: cantos dos lábios esticados lateralmente, alongamento da linha da boca (abertura fica horizontalizada). Na face superior, vemos: aumento na abertura ocular ("olhos esbugalhados") e elevação das sobrancelhas.

Neste exemplo, não vemos esticamento lateral dos cantos da boca, muito menos as sobrancelhas elevadas. Porém, é possível observar que os olhos estão "esbugalhados" (podemos notar pelo excesso de esclera visível). Essa expressão facial costuma ocorrer quando a pessoa está se esforçando para conter a emoção do medo. Uma ressalva: quando deslocamos o olhar lateralmente e para cima (como na foto), podemos acabar retraindo a pálpebra superior. Portanto, verifique corretamente se a pessoa não está olhando para algo antes de codificar a expressão como "medo" (contexto).

A SURPRESA NA FACE

Essa é a emoção mais rápida de todas no quesito "expressão facial". A surpresa geralmente classifica uma experiência como inédita ou inesperada, sem se aprofundar em sua qualificação como boa ou ruim. Por se tratar de uma expressão sem muitos valores emocionais profundos, a surpresa costuma vir seguida por outra emoção que qualificará a experiência recém-descoberta. Por exemplo: é seu aniversário, você chega em casa e se depara com um bolo (SURPRESA). Em seguida, sua reação será relativa à experiência (FELICIDADE por ter gostado da surpresa, DESPREZO por não gostar muito de bolo ou NOJO por ver uma larvinha no pratinho de bolo, entre outras).

SINAIS DA SURPRESA

- **Face inferior:** O maxilar se relaxa, causando geralmente a separação dos lábios. Boca se abre em formato oval.

- **Face superior:** Olhos podem ficar arregalados e sobrancelhas podem se elevar, porém com menos tensão do que no MEDO.

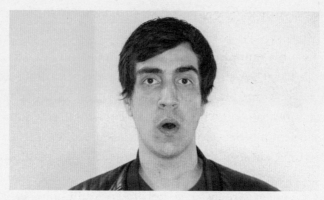

Neste exemplo, podemos observar a boca com abertura em formato oval (queda do maxilar), olhos arregalados e uma leve elevação das sobrancelhas.

- **Surpresa × medo:** Para não se confundir e acabar classificando SURPRESA como MEDO ou vice-versa, precisamos entender as principais diferenças entre essas duas emoções! Embora pareçam similares, ambas apresentam diferenças cruciais:

    - **Abertura da boca:** No medo, a abertura da boca tende a ser mais lateral, enquanto na surpresa, por se tratar de uma "queda relaxada" do maxilar, a abertura da boca tende a ser mais vertical.

    - **Abertura ocular:** Apesar de ambas as emoções apresentarem aumento da abertura ocular, podemos ver uma abertura maior no medo do que na surpresa. Ou seja, temos maior presença de esclera (parte "branca" dos olhos) na expressão facial de medo do que na de surpresa.

    - **Tensão facial:** No medo, conseguimos observar uma maior tensão muscular na face, nos olhos e na boca, enquanto na surpresa a ideia é de "relaxamento" da musculatura, não de tensão.

MEDO	SURPRESA
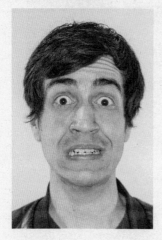	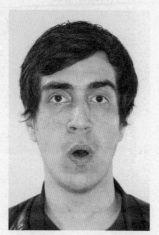

O NOJO NA FACE

Nojo é a emoção que sentimos mediante estímulos que consideramos tóxicos ou contaminantes ao nosso organismo. O mais curioso é que, no nojo, o estímulo direto não necessariamente precisa ser algo material (como uma maçã podre), mas sim uma ideia ou até mesmo outra pessoa. Você pode considerar alguém tóxico a ponto de achar que a pessoa é ruim para o seu organismo, e por isso querer se afastar dela. O nojo em excesso, direcionado a alguém, faz do alvo uma coisa estragada, um objeto na cabeça de quem vivencia a emoção. A pessoa sentindo nojo pode realizar ações com relação ao outro sem se importar com as consequências, pois não considera o alvo "humano", mas sim "um objeto podre". Um exemplo disso são os inúmeros discursos de Adolf Hitler, em que o ditador visava majoritariamente inflamar o ódio de seus seguidores e, assim, promover atos abomináveis.

Nesta foto, em um discurso em que Hitler deixava claro seu "ódio", além do punho cerrado e elevado com vigor, demonstrando força e agressividade, podemos ver em seu rosto os principais critérios da microexpressão de nojo: lábio superior em forma de arco, acentuação do sulco nasolabial e enrugamento das laterais do nariz (próximo aos olhos).

SINAIS DO NOJO

- **Face inferior:** Lábio superior se eleva, chegando até mesmo a exibir a arcada dentária. O sulco nasolabial se acentua. Lábios ficam em forma de arco, com o centro apontando para cima.

- **Face superior:** Raiz e asa nasais se enrugam. Pele se acumula no topo do sulco nasolabial (porção mais interna das bochechas). Em alguns casos, as regiões internas das sobrancelhas podem descer ligeiramente. Pode ocorrer estreitamento dos olhos com as pálpebras.

Neste exemplo, podemos ver o lábio superior se deslocando para cima (deixando a boca em forma de arco). É notório também, no sulco nasolabial, o acentuamento da porção de pele adjacente, que aparenta mais saliência na forma de "bolsões".

O DESPREZO NA FACE

O desprezo é a emoção associada à noção de superioridade (e por vezes a egoísmo e narcisismo, quando em comportamento recorrente). Essa é uma emoção que não costuma atingir alta intensidade, pois tem uma relação psicológica de "não importância" ou "desaprovação", e, portanto, se eu desprezo algo, não dou muita atenção para essa coisa, julgando-a inferior. Podemos sentir desprezo por motivações palpáveis, como bens materiais, objetos de valor ou situações financeiras que julgamos "superiores" às de outras pessoas. Podemos também sentir desprezo por motivações psicológicas ou morais, como quando julgamos que determinada pessoa é menos capaz do que nós para executar alguma tarefa (independentemente do seu nível hierárquico ou grau de instrução), ou quando julgamos que determinada ideia ou opinião é inferior a outra que consideramos "correta".

Desprezo é o comportamento emocional mais associado à antipatia. Quando sentido em excesso por uma pessoa, pode fazer com que aqueles ao redor não se importem com ela, e muito menos pensem em suas atitudes ou nas consequências de seus atos (pois a consideram "alguém inferior, um ser pequeno"). Em relacionamentos afetivos, o desprezo pode ser fator motivador para o desgaste ou término da relação.

SINAIS DO DESPREZO

- **Face inferior:** O desprezo é caracterizado por ser a única emoção que se expressa de forma unilateral (apenas em um dos lados do rosto). Seus sinais são majoritariamente perceptíveis na face inferior, nas proximidades da musculatura orbicular da boca.

  - **Canto da boca contraído unilateralmente:** Canto dos lábios apertado para dentro, formando uma covinha ou ruga ondulada adjacente ao canto da linha da boca. Assimetria na linha da boca devido a um dos cantos dos lábios que momentaneamente se eleva ou se desloca para baixo.

  - **Sorriso unilateral:** Sorriso com apenas um dos cantos da boca.

  - **Elevação do lábio superior em apenas um dos lados da boca:** Similar à expressão de "rosnar" do cachorro, porém em apenas um dos lados da boca. Similar à expressão de nojo, porém em apenas um lado do rosto.

Neste exemplo, conseguimos ver a nítida assimetria da linha da boca, acentuada pela elevação no canto esquerdo dos lábios, além do enrugamento, em formato ondulado, presente no lado esquerdo (sulco nasolabial).

Neste exemplo, temos a mesma configuração de assimetria da linha da boca, evidenciada pela elevação unilateral do canto dos lábios (junto com a contração do canto esquerdo dos lábios). Porém, além disso, temos na face superior a elevação unilateral da sobrancelha, que também pode ocorrer no desprezo, mas não de forma exclusiva! Observamos desprezo apenas na face inferior, e não na face superior.

A TRISTEZA NA FACE

Essa é uma emoção associada à perda (material ou imagética) de elementos que consideramos essenciais para a nossa vida e que estão majoritariamente associados a laços interpessoais (como um ente querido). A perda está associada também à sensação de impotência com relação a eventos que nos subtraem algo vital (como a frustração pela morte inesperada de um ente querido). A tristeza é uma emoção voltada para a desaceleração do estado mental e corporal, e, quando sentida em excesso, pode gerar certas dificuldades cognitivas para quem a sente. Muitas vezes, ao ser expressa, a tristeza funciona como um dos principais gatilhos para "pedir ajuda". Segundo pesquisadores, essa seria uma de suas funções primárias: clamar por ajuda para que assim seja possível sobreviver a momentos difíceis.

SINAIS DA TRISTEZA

- **Face inferior:** Os cantos dos lábios ficam repuxados para baixo em um ângulo descendente. A linha da boca tende a formar um arco, com a "barriga" apontando para cima. A pele do centro do queixo é empurrada para o alto, causando o enrugamento do queixo e uma certa saliência logo abaixo do lábio inferior. Rugas adjacentes aos cantos dos lábios podem aparecer, também em ângulo descendente. Os lábios podem estar apertados, gerando uma saliência popularmente conhecida como "biquinho".

- **Face superior:** Na face superior, a tristeza tende a ser mais perceptível na região central da testa. A porção interior das sobrancelhas é repuxada para o alto. Rugas horizontais podem aparecer na testa devido ao deslocamento da porção de pele acima da região interior das sobrancelhas.

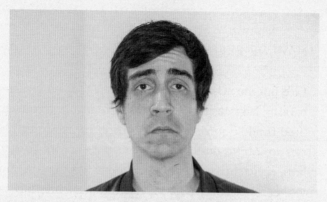

Neste exemplo, temos na face inferior: cantos dos lábios esticados para baixo, lábios em forma de arco. Na face superior: a região interior das sobrancelhas se eleva (podemos até mesmo ver o enrugamento no topo da testa, causado pelo músculo frontalis).

A FELICIDADE NA FACE

Essa é a emoção que tendemos a buscar com mais interesse, associada ao estímulo de atitudes que forneçam resultados psicofisiologicamente satisfatórios e relacionados com nossa sobrevivência e manutenção da espécie, como comer, dormir ou ter relações sexuais. Além disso, a felicidade pode ser motivada por outras situações e ter intensidades variadas, desde um breve alívio por alguma tarefa cumprida até o *Schadenfreude*, descrito como "a felicidade que sentimos ao ver nossos inimigos caindo" — e, sim, essa é uma das sensações comuns da felicidade. Quando alguém mente e se sente superior ou acredita que sua mentira está funcionando, essa pessoa pode expressar felicidade devido a uma sensação chamada *Duping Delight*, o prazer que o mentiroso sente em achar que está conseguindo se safar com uma mentira.

SINAIS DE FELICIDADE

- **Face inferior:** Os cantos dos lábios se esticam levemente para os lados e para cima (em um ângulo ascendente), produzindo o sorriso. Podem ocorrer rugas verticais laterais aos cantos dos lábios. Pode ocorrer separação dos lábios, e, em sorrisos genuínos, a tendência é que seja mais visível a arcada dentária superior do que a inferior.

- **Face superior:** Na face superior, podemos observar uma saliência de pele na altura das bochechas, além de enrugamento no mesmo local. Também ocorre enrugamento logo abaixo da pálpebra inferior. Os olhos se estreitam (pálpebras), formando rugas nas laterais dos olhos, os pés de galinha.

Neste exemplo, conseguimos ver o famoso formato do sorriso, no qual os cantos dos lábios se elevam em um ângulo ascendente. No topo das bochechas, conseguimos ver a saliência de pele causada pelo músculo zigomático maior. Ao redor dos olhos, vemos o enrugamento caracterizado como pés de galinha. Os olhos também aparentam estar bem apertados.

- Variações da microexpressão de felicidade também podem conter:

    ◦ Sorriso com os lábios separados.

    ◦ Sorriso simétrico, mas sem o enrugamento dos pés de galinha, feito com duração total entre 0,5 e 1,5 segundo.

5. As microexpressões faciais podem moldar nossa decisão

É altamente recomendável que você preste muita atenção às microexpressões faciais das pessoas para entender o que de fato elas estão sentindo. Além disso, esse tipo de atenção pode lhe fornecer uma capacidade maior de decisão em meio a situações críticas (negociações financeiras, acordos comerciais ou discussões pessoais). Caso alguém esteja tentando esconder uma emoção para que você não perceba suas reais intenções, caso alguém diga estar sentindo alguma coisa apenas para enganar você ou caso uma pessoa sinta determinada emoção — o rosto dela vai entregar os sinais.

Separei algumas microexpressões faciais famosas para que possamos analisá-las juntos e entender como elas "nos mostram" as reais intenções das pessoas nas situações e contextos em que estão inseridas. Lembrando que não é recomendável analisar fotos, pois nelas é possível trabalhar nossa linguagem corporal e facial e assim enganar um observador. Vamos usar as imagens a seguir apenas para fins didáticos neste livro.

FOTOS DE MICROEXPRESSÕES FACIAIS EM SITUAÇÕES REAIS

Perceba que as microexpressões faciais seguem os padrões descritos no capítulo anterior deste livro. Observe como o contexto se conecta com a emoção expressada:

Desprezo. A situação simulada nesta foto é a seguinte: uma moça escuta alguém comentando sobre uma pessoa de quem ela não gosta. Enquanto ouve falar da pessoa e lembra das discordâncias que tem com ela, a moça exibe brevemente uma contração unilateral no canto esquerdo dos lábios, que causa a famosa covinha no canto da boca. Essa é uma microexpressão de desprezo.

Desprezo. Nesta situação simulada, ocorre o seguinte: um rapaz visualiza suas redes sociais e lê uma opinião sobre um tema social/político que lhe causa desconforto. Ele simplesmente não concorda nem um pouco com aquela ideia. Enquanto lê a opinião discordante da sua, o rapaz expressa uma contração assimétrica, elevando o lábio superior majoritariamente do lado direito do rosto. Seu sulco nasolabial também fica mais acentuado apenas do lado direito. A linha da boca fica assimétrica, exibindo momentaneamente uma microexpressão de desprezo.

Desprezo. Nesta situação simulada, ocorre o seguinte: um senhor está sentado, esperando sua vez na fila de uma loja, quando de repente vê uma pessoa entrando no estabelecimento de forma espalhafatosa, com música alta tocando no celular, falando em grande volume e esbarrando suas sacolas em várias pessoas sem sequer pedir licença ou se desculpar. O senhor observa a pessoa e julga aquele comportamento como inaceitável. Enquanto pensa isso, vemos em seu rosto que a linha da boca fica assimétrica, com o lado esquerdo dos lábios se elevando mais do que o outro, formando um meio-sorriso. Essa é uma microexpressão de desprezo.

Nojo. Nesta situação simulada, ocorre o seguinte: um senhor abre uma embalagem de leite e coloca um pouco em sua caneca para beber. Quando está levando a caneca em direção à boca, sente um cheiro ruim fortíssimo. Ele olha para baixo e vê que o leite está com uma cor diferente, e por isso julga que o produto excedeu seu prazo de validade. Antes dessa conclusão, entretanto, ele eleva o lábio superior e enruga o sulco nasolabial. As regiões laterais de seu nariz também se enrugam, assim como a região glabelar (entre as sobrancelhas) e a área dos olhos, que se estreitam. Temos então uma microexpressão de nojo.

Nojo. Nesta situação, um rapaz está conversando com alguém sobre política. Quando ouve as ideias de seu interlocutor, considera as opiniões demasiadamente tóxicas e problemáticas para a sociedade. Ele sente uma forte sensação negativa por alguém ser capaz de proferir tais ideias. Durante esse julgamento interno, vemos que o lábio superior do rapaz se eleva de forma diminuta (exibindo a arcada dentária superior). Seu sulco nasolabial fica bem acentuado, e suas narinas se dilatam — eis uma microexpressão de nojo.

Felicidade. Nesta situação simulada, uma mulher está em uma chamada de vídeo com a filha, que mora em outro país. Assim que a chamada se inicia, uma enorme felicidade toma conta dela por ver a filha. Em sua face, observamos um sorriso (os cantos dos lábios se deslocam em ângulo ascendente na direção das bochechas). Seus olhos se comprimem, e, ao redor deles, vemos um tipo de enrugamento, os pés de galinha. Essa é uma microexpressão de felicidade.

Felicidade. Nesta situação simulada, um senhor está em uma reunião de trabalho quando um de seus amigos conta uma piada. Ao ver o amigo tomando uma bronca do chefe, ele acha o contexto da situação engraçado e tenta segurar o riso. Mesmo assim, em sua face, vemos que um sorriso se abre (os cantos dos lábios se esticam lateralmente e em diagonal para cima). A abertura dos olhos diminui, e o enrugamento pés de galinha fica visível. Uma microexpressão de felicidade.

Medo. Nesta situação simulada, ocorre o seguinte: uma mulher está em seu local de trabalho. Quando percebe que deixou de enviar um orçamento importantíssimo, lendo o e-mail do contratante enfurecido que diz nunca mais querer contratar os serviços daquela empresa, vemos em sua face os cantos dos lábios esticados lateralmente (sendo observável até mesmo um enrugamento transversal paralelo à linha do canto da boca), narinas dilatadas, olhos arregalados e sobrancelhas elevadas. Essa é uma microexpressão facial de medo.

Medo. Nesta situação simulada, um rapaz está dirigindo levemente alcoolizado. Ele acaba de sair de uma festa e está sorridente, alegre, fazendo barulho. Quando vira a esquina em uma rua, dá de cara com duas viaturas policiais (uma blitz). Um policial sinaliza para o rapaz, indicando que ele deve parar o carro. O rapaz pensa que vai se dar mal por estar alcoolizado, e, entre um pensamento e outro, vemos em sua face uma leve separação dos lábios e os olhos bem arregalados, com bastante esclera (a parte branca dos olhos) aparente. Eis uma microexpressão de medo.

Medo. Nesta situação, um senhor está preparando a comida e sai da cozinha por um momento para lavar as mãos. Quando retorna, sente o cheiro de algo "queimando". Ao se virar na direção do fogão, depara com uma enorme labareda e percebe que a panela em que cozinhava está agora pegando fogo. Em um primeiro momento, antes de sair correndo para apagar as chamas, ele exibe uma leve extensão horizontal da linha da boca (evidenciada pelos cantos dos lábios que se esticam lateralmente), narinas dilatadas, olhos levemente arregalados e sobrancelhas elevadas. Uma microexpressão de medo.

Surpresa. Nesta situação simulada, uma mulher está em seu local de trabalho, digitando no computador, quando, de repente, percebe algo se movendo no teto. Ao direcionar o olhar para o que chamou sua atenção, percebe que um ventilador de teto está pendendo, quase caindo na direção de uma de suas colegas de trabalho. Antes de avisar a colega ou correr para ajudá-la, podemos ver na face da mulher: leve abertura da boca, queda do maxilar, olhos arregalados e sobrancelhas não muito elevadas e sem muito enrugamento aparente na região da testa. Uma microexpressão de surpresa.

Surpresa. Nesta situação simulada, uma moça está conversando com um entrevistador durante um processo de avaliação para uma vaga de emprego. Ela deseja muito a vaga graças ao enorme salário que poderá receber pelo cargo. De repente, em determinado momento da conversa, o avaliador deixa a sala. Ao retornar, informa a moça de que ela já foi aprovada para a vaga. Antes de "cair a ficha" e iniciar a comemoração, a moça demonstra grande abertura da boca, queda do maxilar, olhos arregalados e sobrancelhas elevadas, porém sem muito enrugamento aparente na região da testa. Uma microexpressão de surpresa.

Raiva. Nesta situação: um pai está trocando mensagens com a filha, que está em uma festa. Ele diz que a filha deve retornar para casa, pois já passa do horário acordado entre os dois. A filha responde que não vai sair da festa naquele momento, e sim que ficará mais um pouco. Sentindo-se desobedecido, e antes que comece a responder, vemos no rosto do pai: diminuição da abertura ocular, olhos apertados, enrugamento na região entre as sobrancelhas, sobrancelhas abaixadas e próximas à região central (conhecida como "glabelar" ou "entre sobrancelhas"). Uma microexpressão facial de raiva.

Raiva. Nesta situação simulada, vemos uma gerente conduzindo uma reunião com sua equipe. Um dos funcionários subalternos demonstra estar inquieto e inconformado com os "puxões de orelha" que recebe. Em determinado momento, ele levanta a voz para discordar da gerente. Ela, por sua vez, aumenta ainda mais o próprio volume vocal. Enquanto a gerente aplica uma correção, vemos em seu rosto: olhos apertados (pálpebra inferior tensionada), sobrancelhas apontadas em diagonal para baixo (em direção à região "glabelar") e enrugamento na região entre as sobrancelhas. Uma microexpressão facial de raiva.

Raiva. Nesta situação simulada, uma moça está conversando com o marido por telefone. Ela suspeita de algo, pois ele lhe disse que estaria em casa em determinado horário e até agora não chegou, sequer telefonou para dar uma satisfação. Ela questiona o paradeiro dele, e, ao perceber que o marido tenta mudar de assunto, a moça começa a sentir calor nas mãos e no rosto. Neste momento, em sua face, vemos: lábios contraídos (biquinho) e olhos apertados (destaque para a pálpebra inferior, que está elevada e formando uma linha menos côncava). Uma microexpressão de raiva.

Tristeza. Nesta situação simulada, um rapaz está vendo imagens de seu falecido pai. Ele relembra a infância e os momentos de alegria que os dois passaram juntos. Antes de começar a chorar, vemos na face do rapaz que os cantos dos lábios se deslocam levemente para baixo, em ângulo descendente. As regiões internas das sobrancelhas se elevam, criando rugas semicirculares e horizontais no centro da testa. Uma microexpressão de tristeza.

Tristeza. Nesta situação simulada, uma mãe dirige em direção ao hospital enquanto espera angustiada pela ligação do médico a respeito de seu filho, que está internado em estado crítico de saúde. Antes de chegar ao hospital, o telefone toca. Quando a mãe atende, já pressente o pior. O médico pede para que ela se acalme e encoste o carro, e então dá a notícia trágica de que seu filho faleceu. Assim que ouve a notícia, antes do pranto e de outros comportamentos corporais, podemos ver na face da mãe que os cantos dos lábios se deslocam e apontam para baixo (deixando a linha da boca em forma de "C") e que a pele acima da pálpebra superior adquire um formato "triangular", descrevendo uma linha de enrugamento que sobe em direção ao interior das sobrancelhas. Observamos rugas entre as sobrancelhas, e a região interior das sobrancelhas se desloca para cima. Uma microexpressão de tristeza.

ANALISANDO O CONJUNTO

Assim como vários pesquisadores, Aldert Vrij, professor de psicologia jurídica na Universidade da Pensilvânia, endossa por meio de pesquisas a ideia de que "Uma análise de todos os canais não verbais é mais precisa (como voz, corpo, face, verbalização etc.) do que analisar separadamente um ou outro canal".[1] Essa teoria é uma regra quando falamos em "análise do comportamento dissimulado" por meio da linguagem não verbal. Porém, ela não deve ser vista como *exclusiva* apenas para detecção de mentiras. Observar conjuntos de sinais para fazer uma análise pode ser muito benéfico nos mais variados contextos do dia a dia, pois, como você verá neste capítulo, quando temos uma mensagem CONCORDANTE, todos os sinais captados em separado se complementam na imagem final, momento em que vemos o conjunto da linguagem corporal da pessoa, o todo.

SINAIS CORPORAIS DE FORMA RESUMIDA

Como já foi explicado neste livro o conceito de incongruência, vou apenas relembrar que, quando verbalizamos uma ideia, nosso corpo pode emitir sinais que concordem ou sinais que discordem de tal ideia. Esse é o conceito básico da interpretação não verbal: entender que os sinais do corpo, da voz e da face costumam concordar entre si e também com a mensagem verbalizada, ou então vão apresentar discordâncias (incongruências).

Portanto, com isso em mente, ao buscar por sinais corporais, tente perceber se eles "concordam" ou "discordam" das expressões faciais e do que está sendo verbalizado. Pode parecer óbvio ou até mesmo repetitivo para você a esta altura do campeonato, mas é muito fácil esquecer essa noção e entrar em um viés ou até mesmo ficar "caçando" um sinal específico que você julgue "mais confiável". Lembre-se: temos mais chances de efetuar uma análise assertiva se observarmos a figura como um todo, ou seja, se tentarmos ver a relação entre os sinais não verbais e a expressão verbal para entender se, de forma total, a ideia expressada é concordante ou discordante. Não se esqueça disso. Foque no todo para observar se esse "todo" demonstra concordância ou discordância. Teremos alguns exemplos práticos ainda neste capítulo para enfatizar melhor a ideia. Ao chegar nos exemplos, reveja as seções "Concordância" e "Discordância" antes de continuar: você verá como a imagem total parecerá óbvia, seja ela concordante ou discordante.

Concordância

Concordância é tudo aquilo que está "no mesmo sentido", "na mesma direção", "na mesma ideia". Em linguagem corporal, é exatamente assim. Seguindo a Teoria Cinética de Pierre Weil e Roland Tompakow,[2] podemos entender que sinais que expressam concordância tendem a mostrar abrangência, abertura, continuidade, avanço, positividade, espelhamento e sincronia. Em seu livro, o casal Wezowski demonstra que uma linguagem corporal mais positiva (concordante) em geral segue um padrão de ser mais abrangente, ocupar mais espaço e apresentar movimentação corporal em um viés positivo (como uma "afirmativa de cabeça").

Segurança, independência   **Segurança, independência**

Nesta imagem, os autores enfatizam que gestos mais amplos ou que apresentem os polegares para cima tendem a ser expressos em momentos em que a pessoa se sente confiante e está concordando com o que fala.[3]

Discordância

Proteção, timidez

Discordância é aquilo que vai no "sentido contrário" de uma ideia, ou seja, algo que, quando analisado como um todo, não concorda com os outros elementos. A discordância não verbal geralmente é fruto do excesso de carga cognitiva e emocional vivenciada pela pessoa, que acaba gerando tentativas de autocontrole e, por consequência, os famosos "sinais incongruentes". Incongruência é o mesmo que discordância. Os sinais associados à discordância tendem a expressar recuo, fechamento, afastamento, assincronia e negatividade. São sinais que se destacam dos demais de modo contrastante, geralmente evidenciando o oposto do que a maioria dos outros sinais transmite (ou do que está sendo verbalizado). Na imagem a seguir, podemos observar uma linguagem corporal negativa ou discordante pela forma como o rapaz ocupa pouco espaço e não avança seus gestos.[4]

OS SINAIS

Ao conversar com alguém, é importante que você lembre de se concentrar na seguinte pergunta durante a interação: "Os sinais expressados por esta pessoa são concordantes ou discordantes em relação ao que ela está falando?". Esse simples questionamento obrigará você a prestar mais atenção aos sinais que a pessoa está emitindo. Vamos tratar agora dos principais sinais não verbais. Separamos nossas observações em algumas áreas específicas do corpo onde temos maior ocorrência de sinais não verbais durante a comunicação. Falaremos também sobre conceitos como direcionamento do corpo, projeção e aproximação corporal, e também sobre a forma dos movimentos e tipos de gestos.

Lembrando que todos esses sinais devem seguir as regras que comentamos antes, especialmente sobre contexto e combinações — nada de querer fazer deste capítulo um "dicionário de sinais". Tenha sempre prudência quando for analisar alguém!

DIRECIONAMENTO CORPORAL

Na linguagem corporal, entendemos que nosso interesse geralmente pode ser observado e mensurado pela quantidade de atenção que dedicamos a algo. E, entre as várias formas de demonstrar atenção, uma delas é o direcionamento do nosso corpo, em especial do tronco e dos pés. Quando estamos virados para algo ou alguém, estamos querendo seguir a direção do nosso olhar e trazer, consequentemente, todo o nosso corpo para perto daquele objeto que nos chamou a atenção. Por isso, o direcionamento dos pés e do tronco para algo ou alguém é uma forma de demonstrar concordância. Basta lembrar daquele contexto meio clichê de filmes, quando um casal está conversando na cama e um dos dois se vira para o outro, querendo claramente estabelecer uma conexão emocional ou apenas uma comunicação mais empática, enquanto o outro nem sequer se vira (muitas vezes não olha para a pessoa que está falando, fica mexendo no celular ou prestando atenção em um livro/jornal/revista/programa de televisão). O que acaba ficando claro para nós (público) é que, naquele momento, a pessoa que não se vira não está interessada no papo.

Nesta primeira imagem, vemos duas pessoas conversando. O contexto aparenta ser positivo, pois elas estão gesticulando, sorrindo e, o principal, viradas uma de frente para a outra, indicando sincronia positiva.

Já nesta imagem vemos que a mulher está virada para longe da linha de conversação, com uma expressão não tão convidativa. Ela nem sequer está gesticulando. Neste contexto, identificamos uma não sincronia, uma ausência de conexão.

Pés

Quando posicionados na direção de algo ou alguém, dado o contexto, podem indicar o foco de nossa atenção ou interesse. Pessoas desinteressadas em alguma coisa tendem a apontar os pés na direção contrária. Você provavelmente já fez isso quando sentia tédio ou desconforto em um local e queria sair dali; naquele momento, muito provavelmente, seus pés apontavam para a saída do lugar.

Pés apontando na direção de algo de que a pessoa afirma gostar podem ser interpretados como um sinal concordante. Os pés apontam a direção que "queremos seguir". Se alguém está avançando o corpo e com os pés apontados para a frente enquanto verbaliza, muito provavelmente está seguro e confiante do que está falando.

Nesta imagem, podemos ver que os pés apontam para a frente, em direção ao interlocutor. Esse direcionamento mútuo indica uma provável sincronia positiva.

Tronco

A mesma ideia vale para o tronco. Quando não queremos excluir alguém da conversa ou temos interesse em demonstrar que estamos atentos ou concordantes com algo que está sendo dito, tendemos a nos virar por completo na direção de quem fala. O oposto também ocorre quando não simpatizamos com alguém. Geralmente, podemos ver esse comportamento nas desavenças entre crianças: uma delas declara "Estou de mal de você" e, logo em seguida, direciona o tronco e a cabeça na direção oposta à da outra, fazendo uma careta de insatisfação ou até mesmo emitindo um grunhido.

Um cenário no qual alguém afirma algo, direcionando o corpo para a frente ou se posicionando de frente para o interlocutor, dado o contexto, pode ser visto como um sinal concordante.

Outro cenário interessante é quando duas pessoas estão conversando e ambas mantêm o tronco e os pés apontados uma para a outra, criando uma cena de "espelhamento corporal". A posição pode significar interesse mútuo naquele momento, e, além disso, o espelhamento é um forte indicador de níveis elevados de empatia.

Olhos

O direcionamento dos olhos, segundo algumas pesquisas (como o artigo de pesquisadores japoneses "What Makes Eye Contact Special? Neural Substrates of On-Line Mutual Eye-Gaze"), pode indicar o interesse de um interlocutor na conversa, pois o contato visual prepara o cérebro para se conectar com quem você está observando (gerando mais atenção) e também por conta das chamadas "zonas de interesse visual" (material de estudo da oculésica). Antes de me aprofundar nisso, acho bom fazer uma diferenciação: a oculésica em nada tem a ver com as "pistas oculares", uma hipótese (não validada cientificamente) majoritariamente desenvolvida por aplicantes da programação neurolinguística e que tem como premissa analisar, pela direção do olhar, se uma pessoa está fabricando ou rememorando alguma informação e até mesmo se isso está ocorrendo em nível visual, auditivo ou cinestésico. Na oculésica, conseguimos compreender apenas quais os possíveis interesses do nosso interlocutor, tomando como base a direção do nosso rosto para a qual a pessoa está olhando. Observe na imagem a seguir:

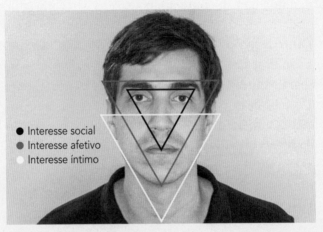

Conforme o modelo-padrão da oculésica e do estudo do comportamento visual,[5] compreende-se que o olhar direcionado para algumas zonas da face pode indicar uma boa parte da intenção de quem está olhando. Por exemplo, se uma pessoa encara você nos olhos ou entre os olhos, a provável mensagem que ela está querendo passar é puramente social (profissional). Já se a pessoa tende a olhar para o seu nariz, seus olhos e vez ou outra para sua boca, ela pode estar transmitindo um interesse mais afetivo, como apreciar a sua conversa ou gostar da sua companhia. Já se a pessoa olha com muita frequência para a sua boca, seu queixo, pescoço e até mesmo seu tórax ou busto (e com menos frequência para os seus olhos), a mensagem transmitida pode ser um grande interesse íntimo, e não meramente afetivo ou social.

Além disso, o olhar pode indicar interesse em algum elemento quando observamos apenas para o que a pessoa está olhando. Geralmente, se temos muitas informações visuais, tendemos a focar naquilo que mais nos interessa: ao entrar em alguma loja ou livraria, nosso olhar tende a ir para o que mais nos chama a atenção, seja uma pessoa na loja ou uma seção de gêneros literários específicos. Isso revela, nesse momento, nosso real interesse.

PROJEÇÃO E AVANÇO CORPORAL

Edward T. Hall foi o principal responsável pelo estudo que resultou no termo "proxêmica".

As pesquisas de Hall foram feitas para tentar entender quais as possíveis relações entre a distância do nosso corpo para o de outras pessoas. Ele queria entender se, quando decidimos nos aproximar ou nos afastar de algo ou alguém, esse tipo de movimento teria algum significado emocional ou subconsciente. Seus achados basicamente encontraram relações afetivas na forma como usamos a distância entre nós e outras pessoas: geralmente, nos aproximamos (com o corpo) de algo que aceitamos, concordamos ou gostamos e nos afastamos de coisas que não gostamos ou desaprovamos. Você provavelmente já passou por isso em algum local, talvez no trabalho, metrô, ônibus ou até mesmo em uma festa. Alguém que o deixou meio desconfortável chegou perto, e, sem pensar muito, você já deu alguns passos para longe — ali estava a sua proxêmica em ação. Por falar nisso, Hall fez algumas breves separações da proxêmica quanto à distância e ao possível significado atribuído a esse afastamento. Veja nas imagens a seguir:

Nesta imagem, além de os dois gesticularem de forma similar e estarem sorrindo, ambos se projetam um em direção ao outro (para a frente). Sincronia positiva, coerente.

Aqui, observamos o extremo oposto: ambos se afastam (a mulher um pouco mais do que o homem) e não sorriem. A mulher ainda eleva a mão junto ao rosto em um gesto similar à mensagem de "proteção" ou "bloqueio". Uma não sincronia.

Ainda sobre proxêmica, Hall deixa bem claro que essas distâncias podem sofrer alterações devido a fatores culturais associados com regiões específicas (por exemplo, em algumas partes do Brasil, há uma maior tendência de aproximações corporais e abraços, e até mesmo beijos na bochecha são comuns entre pessoas que acabaram de se conhecer). Vale a pena ficar alerta e levar em conta o fator cultural quando estiver em uma área muito distante da sua.

Casais ou pessoas bem relacionadas emocionalmente tendem a ter uma proxêmica íntima durante boa parte do tempo, especialmente quando estão em situações de interação livre (momentos de lazer ou livres de estresse).

Tronco e cabeça

Como já entendemos na proxêmica, a aproximação corporal pode ocorrer quando concordamos ou acreditamos em algo. No tronco, a mera projeção para a frente pode ser vista, a depender do contexto, como um forte indicador de interesse ou aprovação. Um contexto no qual alguém verbaliza estar feliz com uma situação ou gostando de algo e projeta o corpo e a cabeça em direção a essa coisa pode significar total concordância entre o que está sendo verbalizado e o que está sendo expresso. Basta lembrar de quando você recebeu alguma mensagem superimportante no celular e, ao conferir o que era, quase enfiou a cara dentro do aparelho de tanto que se projetou em direção à tela — era a projeção corporal mostrando seu interesse naquele estímulo.

Geralmente, quando alguém conta uma mentira, é muito comum que ocorra o afastamento corporal. Isso acontece quando a pessoa que dissimula não sente muita confiança no que está falando e acaba por recuar o corpo ou se afastar após afirmar alguma coisa.

Uma postura muito comum quando alguém está desconfortável ou não muito engajado em uma situação é a "postura de apoio". É quando a pessoa não se projeta nem para a frente nem para trás, mas, em vez disso, apoia a cabeça na mão (deixando a cabeça cair lateralmente). Essa postura está comumente associada ao tédio, mas o ponto aqui é que ela não pode ser considerada uma postura que enfatiza um estado de aprovação ou de interesse.

TENSÃO MUSCULAR

Em episódios de alto nível de estresse ou quando vivenciamos picos de ansiedade, podemos liberar na nossa corrente sanguínea alguns hormônios, como adrenalina, cortisol e noradrenalina, que consequentemente acabam tensionando nossa musculatura. Alguns estudos relacionam esse tipo de reação muscular com o comportamento afetivo do medo (pois, no medo, é muito comum que secretemos os hormônios citados). Portanto, quando alguém tem um tensionamento muscular repentino que se desfaz em alguns poucos segundos, ou até mesmo um tensionamento que mais parece uma "pontada" em determinada região do corpo, podemos dizer, dado o contexto, que aquela pessoa está vivenciando um alto nível momentâneo de estresse, o que também está associado à discordância.

Ombros

Uma região na qual podemos observar com frequência esse tensionamento repentino são os ombros. Quando os ombros de alguém se contraem momentaneamente e se elevam, podemos dizer que a pessoa está passando por um pico de ansiedade. Sem contar o fato de que o tensionamento dos ombros, quando dura mais do que alguns segundos, pode evidenciar um comportamento de *"turtle effect"*, ou "efeito tartaruga", significando que a pessoa seria como "uma tartaruga tentando se esconder no casco". O efeito tartaruga é uma linguagem corporal muitas vezes associada ao comportamento premeditado. Em casos de roubo, os criminosos tendem a olhar em volta e tensionar os ombros, como se tentassem esconder de todos na rua as suas reais intenções.

Quando alguém demonstra as famosas "pontadas" nos ombros, conhecidas como *"shrug"*, entendemos que a pessoa está gesticulando um sinal comumente reconhecido como "dar de ombros" ou "não sei". Esse sinal não verbal ocorre com frequência quando precisamos falar de algo de que não gostamos ou no qual não acreditamos. Quando menos esperamos, nosso ombro já "deu um pulinho", entregando que talvez não tenhamos tanta certeza do que estamos dizendo.

Mãos na altura do peito, sinalizando bloqueio ou proteção. Na face, vemos medo e, é claro, os ombros tensionados. Esse tipo de postura é chamada de *"turtle effect"*.

Pernas e mãos

Além das diferentes formas de discordância associadas ao tensionamento muscular, temos também o tensionamento como indicador de insegurança ou desconforto. Geralmente, quando sentimos felicidade ou qualquer outra sensação prazerosa, os hormônios associados ao bem-estar entram em ação, causando a sensação de alívio, bem como o relaxamento corporal. Então, quanto menos tensionada a musculatura, entende-se que mais confortável com o cenário a pessoa está.

Um contexto no qual alguém diz estar tranquilo ou feliz com uma situação, mas permanece com os punhos cerrados, os lábios apertados e os ombros elevados pode evidenciar que a pessoa, na verdade, está vivenciando o extremo oposto do que diz.

Se você conversa com alguém que está com as pernas tensionadas (e, em casos assim, geralmente o tronco está direcionado para longe), isso pode indicar certo desconforto ou vontade de ir embora (por isso a tensão nas pernas).

ABERTURA E BLOQUEIO

Todos que já leram ou estudaram algo sobre linguagem corporal acabaram deparando com aquela ideia de que "braços cruzados são sinônimo de defensiva/fechamento". E, apesar de haver certa relação com a postura não verbal de bloqueio, é importante lembrar que precisamos observar o contexto e buscar combinações antes de caracterizar um braço cruzado como "fechamento": a pessoa pode apenas estar com frio.

Além do mais, nem sempre a pessoa vai apresentar uma postura de fechamento cruzando os braços. Ela pode, por exemplo, colocar um objeto na frente do corpo (uma mochila, uma bolsa, um caderno), o que também pode sinalizar certo fechamento, pois, em essência, uma postura fechada ou aberta diz respeito ao interesse e à disponibilidade que alguém demonstra para com as outras pessoas. Se eu estou aberto e disponível para aquela conversa, uma tendência é não colocar nenhum obstáculo entre mim e o interlocutor. Se eu estiver falando com alguém que julgo interessante, mas essa pessoa (ou até mesmo eu) está atrás de uma pilastra, um balcão, ou algo que de certa forma bloqueie o contato visual entre nós dois, uma tendência é que eu me reposicione no ambiente, evitando ou tirando de cena o obstáculo (assumindo, assim, uma postura aberta).

Tórax, a famosa "linha do coração"

Muitos pesquisadores e estudantes gostam de definir o tórax como uma região mais sensível no tema linguagem corporal, chegando até mesmo a chamar essa região de "linha do coração".

Alguns afirmam que a região tem certa ligação com nossa vida emocional, enquanto outros dizem que ela representa a autoestima. Por isso, segundo tais pesquisadores, quando estamos tristes ou abatidos, tendemos a projetar o tórax para dentro e não o expor de forma imponente. Para fins mais práticos, eu me limito a dizer que o tórax tem uma grande relação com a ideia de "abertura" pelo simples fato de alocar nosso coração, um dos órgãos mais importantes — sendo assim, essa é uma região com certa associação à nossa sobrevivência. Por isso, quando cruzamos os braços, estamos de certa forma protegendo aquilo que consideramos "necessário para sobreviver", adotando assim uma postura de bloqueio, defesa ou fechamento. Basta você pensar em momentos nos quais teve de tomar decisões muito importantes em um curto espaço de tempo (no "calor da hora"): provavelmente, você adotou alguma postura que "bloqueou" o contato do tórax com outros elementos (seja cruzando os braços, batendo a mão na região do peito, posicionando as mãos na frente do rosto, apoiando o queixo nas mãos etc.). Estes foram momentos nos quais você não sentiu total confiança, certeza ou conforto para prosseguir sem antes rever suas opções e refletir sobre a situação. Essa postura de colocar algum elemento na frente do tórax (seja cruzando os braços ou posicionando uma bolsa na frente do corpo) também pode ocorrer quando somos apresentados a algo novo: pessoas, situações e contextos inéditos, ou seja, algo que ainda não temos certeza se será benéfico, ou mesmo quando tratamos de um assunto que demanda seriedade.

Nesta imagem, vemos uma das variações mais conhecidas para posturas de "fechamento" ou "defensiva": os braços cruzados. Repare que, além de cruzar os braços, o homem está com as mãos fechadas e expressando raiva na face.

Em contrapartida, você provavelmente já se encontrou com pessoas em quem confia, pessoas que conhece bem e até mesmo pelas quais nutre sentimentos positivos. Perceba como você tem menos cuidado com a região do tórax perto delas. Não fica cruzando os braços toda hora, não coloca bloqueios entre vocês e chega até mesmo a abraçá-las de frente, encostando tórax com tórax. Isso enfatiza sua abertura com essas pessoas. De forma resumida, entendemos que a linha do tórax pode nos mostrar (dado o contexto) o nível de abertura de uma pessoa, ou seja, como ela se sente na nossa presença. Quanto mais "protegida" estiver a linha do tórax, mais na defensiva e desconfortável essa pessoa pode estar, e, quanto menos "protegida" a linha do tórax, mais à vontade com a situação a pessoa se sente.

Objetos

Uma dica interessante que ofereço é prestar atenção aos objetos que uma pessoa porta. Muitas vezes, as pessoas podem fazer uso de elementos externos ao corpo para comunicar abertura ou fechamento. A ideia é similar: se ela posiciona um objeto entre vocês de maneira a "proteger" o próprio corpo, ela pode estar comunicando certo fechamento, mas, se ela remove esse objeto entre vocês, está comunicando uma abertura. Por exemplo: você está conversando com alguém e ambos se sentem bem à vontade naquele momento, sentados de frente um para o outro. Vocês estão em um bar, restaurante ou algum outro estabelecimento. O garçom vem até a mesa e deposita as bebidas. Sem perceber, ele acaba posicionando os copos entre você e a outra pessoa. Preste atenção nesse momento: se a pessoa remover a bebida da frente (levando em conta a linha imaginária que conecta você a ela), isso pode ser um microssinal de abertura e interesse. Por isso, fique alerta! Muitas vezes, as pessoas nos comunicam algo enquanto estamos prestando atenção aos estímulos errados.

Nota: Lembre-se de sempre buscar combinações de sinais. Não vá tirar conclusões precipitadas sobre qualquer pessoa que deseje apenas puxar a cerveja para mais perto.

No homem, vemos um gesto com o dedo em riste, além de raiva em sua face. Na mulher, vemos afastamento corporal, direcionamento para fora da linha de conversação, um gesto ilustrador de "pare" e a bolsa sendo erguida com força, um sinal de "bloqueio".

POSITIVO E NEGATIVO

Além de estudar o direcionamento do corpo, a proxêmica e a direção do olhar, também estudamos a forma como a pessoa se movimenta (a cinesiologia é, literalmente, a ciência que estuda o movimento corporal). A forma como alguém se movimenta pode trazer percepções sobre seu estado emocional ou até mesmo sobre suas preferências no momento em que os sinais são emitidos. Quando concordamos com algo, tendemos a nos movimentar com sinais "positivos", ou seja, que enfatizem um movimento "para cima e para baixo". Isso pode acontecer até mesmo em nível subconsciente, como quando afirmamos gostar de algo enquanto fazemos um gesto de "sim" com a cabeça, exibindo concordância. Outra situação seria quando não gostamos ou não aprovamos algo ou alguém e, ao ter contato com essa coisa, acabamos gesticulando com as mãos (geralmente na frente do corpo) em um movimento horizontal que vai da direita para a esquerda e vice-versa (repetidamente), sinalizando um "não". A ideia é simples: quando concordamos com algo ou queremos afirmar alguma coisa, temos uma tendência a expressar gestos e sinais que se movimentam para cima e para baixo, indicando um "sim". Em contrapartida, quando não aprovamos algo ou não estamos muito satisfeitos, tendemos a expressar gestos ou sinais que se movem de um lado para o outro, de forma a indicar um "não". Esses sinais tendem a ocorrer na cabeça, nas mãos e no tronco.

Cabeça

Por mais óbvios que os movimentos de "sim" e "não" com a cabeça possam parecer, acredite — as pessoas se entregam (e muito) com esses sinais. Um exemplo bem interessante é o famoso caso ocorrido na cidadezinha de Planalto, no Rio Grande do Sul, em 2020, relatado anteriormente. Uma mãe veio a público declarar o desaparecimento do filho, o jovem Rafael Winques, de onze anos de idade. Ela chegou até mesmo a aparecer na TV para falar sobre o desaparecimento e pedir ajuda a fim de encontrar o filho. Em vários momentos, a mãe dizia que a família estava muito abalada e que queria notícias da criança, mas, enquanto verbalizava tais ideias, era possível ver (entre vários outros sinais incongruentes) que ela movimentava a cabeça negativamente, enfatizando um "não". Alguns dias depois da entrevista, a própria mãe confessou, durante um interrogatório, ter matado o garoto.

- **Movimentação não sincronizada de cabeça:** Outro movimento que pode ocorrer e ser visto como "discordante" é a não sincronia entre a movimentação de cabeça e a verbalização. Basicamente, é quando movemos a cabeça de forma a enfatizar um "sim", mas, quase que ao mesmo tempo, fazemos também um "não" (algumas vezes, o movimento pode dar a sensação de ser uma "rotação de cabeça"). Isso geralmente ocorre em casos de dissimulação, quando a pessoa está tentando se controlar ao máximo para não revelar seus sinais verbais. Ela sofre uma pressão emocional muito grande, o que acaba gerando certa indecisão nos gestos, o que por sua vez acarreta a movimentação não sincronizada de cabeça.

- **Superioridade/confiança e inferioridade/vergonha:** Ainda falando sobre movimentações da cabeça associadas a concordância ou discordância, temos o comportamento de superioridade e inferioridade. Conforme alguns pesquisadores apontam, a chamada *"power pose"* (Amy Cuddy, David Matsumoto) está relacionada a uma hipertrofia momentânea da própria imagem, seja estufando o peito ou elevando o queixo (e consequentemente a posição da cabeça).

Essa postura é comumente associada a confiança ou superioridade, enquanto seu oposto (baixar a cabeça e projetar o peito para dentro) é geralmente associado a sensações de vergonha ou inferioridade. De modo geral, em narrativas genuínas ou convictas, uma tendência do narrador é adquirir naturalmente uma postura de superioridade. Um dos primeiros pontos em que observamos isso é na posição da cabeça, que se eleva (isso tende a ocorrer mais em relatos sobre opiniões ou convicções pessoais), ao passo que, quando o oposto ocorre, ou seja, quando a pessoa apresenta momentaneamente um abaixar da cabeça, isso pode ser indicativo de que ela não está muito confiante no momento ou até mesmo que está sentindo vergonha.

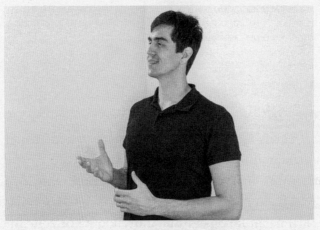

Nesta imagem vemos que o homem está projetando o peito para a frente e para cima. O queixo dele se eleva, e a linha do tórax está "livre", sem bloqueios. Na face, vemos um sorriso (embora não genuíno, ainda é uma máscara facial muito bem aceita). Seus gestos avançam tranquilamente em uma postura confiante. Outras variações dessa postura podem ocorrer, como apoiar as mãos nos quadris. Essa é uma variação da *power pose*, termo usado por Amy Cuddy.

Aqui, vemos o extremo oposto: o homem projeta o peito para dentro, e sua postura fica "caída". A cabeça pende para baixo, assim como o olhar, e não vemos na face um sorriso ou outra expressão que transmita "leveza" ou "tranquilidade". Os braços estão à frente do tronco, em um sinal de proteção, e a mão agarra o antebraço em um gesto pacificador. Uma postura de fragilidade ou insegurança.

Mãos

Com as mãos, a ideia é a mesma da movimentação de cabeça. Sinais feitos verticalmente em geral enfatizam um "sim", enquanto sinais feitos horizontalmente costumam enfatizar um "não". Fique alerta, pois nem sempre os sinais ocorrem na linha de visão: a pessoa pode manter uma mão abaixada, na altura da cintura, movendo-a horizontalmente para sinalizar sua desaprovação enquanto fala. Os sinais podem ocorrer com o dedo (como aprendemos na escola), mas também podem ocorrer com as mãos abertas ou fechadas. Até mesmo uma simples "jogada" de mão para a lateral pode ser vista como um sinal de "negação" a depender do contexto e dos outros sinais observados.

Tronco

No tronco, é bem mais fácil perceber quando uma pessoa está se movimentando de forma a aprovar ou desaprovar algo. Quando em um estado concordante, a pessoa tende a se projetar para a frente com grande frequência (podendo se afastar vez ou outra para relaxar a musculatura). Porém, quando temos uma desaprovação, um sinal bem comum é a pessoa começar a direcionar o corpo de um lado para o outro, como se estivesse fazendo um "não" com o corpo inteiro. Isso fica muito evidente caso a pessoa esteja sentada (e ainda mais se estiver em uma cadeira giratória). Caso ela fique impaciente e não muito interessada ou desconfortável com a situação, ela começará a se mover de um lado para o outro, como se o corpo inteiro dela dissesse "não" ou "já chega".

TACÊSICA E O TOQUE

Outra área da linguagem corporal — mais frequentemente estudada quando o assunto é paquera, sedução ou abordagens mais afetivas — é a tacêsica, a ciência que estuda "o toque". De acordo com a tacêsica, a forma como tocamos outra pessoa pode demonstrar nossos níveis de afetividade. Os principais critérios são: região do toque, frequência do toque e relação do toque com outros sinais empáticos (como proxêmica íntima, direcionamento corporal etc.). Esses três pontos podem indicar, por exemplo, se alguém que interage conosco está demonstrando uma afetividade mais voltada para o lado íntimo ou não.

Frequência do toque

O toque é uma das várias formas de obter a impressão sensorial de uma pessoa durante uma interação (como visualizar sua forma, sentir o perfume que exala, ouvir o som de sua voz e por aí vai). Quanto mais gostamos da experiência interpessoal que sentimos com alguém, maiores são as chances de querermos registrar novas impressões sensoriais sobre aquela pessoa, e por isso podemos acabar tocando ou encostando mais em pessoas das quais gostamos ou nas quais confiamos do que naquelas pelas quais não nutrimos apreço. A razão pela qual gostamos de tocar já foi previamente ilustrada pelo mapa somatossensorial do cérebro, na forma do *Homúnculo de Penfield* (a figura de formato humano chamada de "homúnculo" apresenta-se como uma representação das funções do ser humano: uma imagem corporal que o homem tem de si mesmo. Ela foi criada pelo dr. Wilder Penfield, neurocirurgião canadense, quando cuidava de pacientes com epilepsia. Seu trabalho permitiu reconhecer a correspondência das regiões cerebrais com áreas do corpo humano). A ideia é a seguinte: quanto mais alguém faz questão de tocar ou encostar em você, provavelmente, maior e mais positivo é o interesse dela na sua companhia naquele momento. Lembrando que tudo precisa de contexto para gerar uma interpretação mais assertiva. Não vá pegar o transporte público em horário de pico e interpretar a tacésica de forma literal — você vai descer do ônibus ou do metrô achando que todo mundo ali ama você com todas as forças.

Ainda falando sobre toque, uma dica muito importante: observe bem a reação da pessoa enquanto você pratica a tacésica, pois isso pode acabar sendo extremamente incômodo para alguns (todo mundo tem ou teve aquele amigo que insiste em se comunicar dando "soquinhos" em nosso braço. Não sei você, mas eu não suporto isso).

Região do toque íntimo

Segundo a teoria, quanto mais próximo de uma região erógena for praticado o toque (nada muito complexo, o simples ato de encostar com a palma da mão), maiores as chances de essa pessoa lhe indicar que está sentindo grande interesse afetivo em você. Algumas das zonas tidas como erógenas são: pescoço, boca (ou próximo à boca), orelhas, costas, parte interna das coxas, panturrilha e palma da mão.

Região do toque afetivo

Na tacêsica, entendemos também que existem regiões consideradas "neutras", ou seja, que não suscitam uma resposta muito íntima, mas que também comunicam que há interesse positivo. A ideia é a mesma: se a pessoa exibe certa frequência em tocar nessas regiões específicas, ela pode estar comunicando que deseja mais contato com você ou que está gostando da sua companhia. Algumas regiões tidas como afetivas, porém não tão íntimas, são: braço, ombro, antebraço, pulso, cotovelo e costas da mão.

Toques em um contexto positivo

Um contexto com situação "concordante" seria quando alguém que está expressando ou verbalizando ideias positivas ou abertas toca você em regiões neutras (ou íntimas), aproximando-se e se posicionando de frente para você, exibindo microexpressões de felicidade. Caso observe um contexto assim e esteja em uma situação considerada por ambos como "paquera", sinta-se mais confiante para aprofundar a interação ou até mesmo para praticar o espelhamento corporal, que, por si só, é outro comportamento não verbal que evidencia uma relação positiva.

Nesta situação, percebemos que a mulher não está muito concordante. Uma alternativa que a outra pessoa pode tentar para gerar positividade (neste caso, é o que o homem está fazendo), seria criar uma conexão positiva por meio de toques rápidos e leves em regiões neutras enquanto muda o rumo da conversa para algo que a outra pessoa considere mais agradável.

ESPELHAMENTO CORPORAL

Como já dissemos, uma das coisas de que o cérebro mais gosta é seguir padrões, pois isso ajuda o órgão a fazer menos esforço e, consequentemente, a gastar menos energia. De qualquer maneira, um dos fatores que tende a nos agradar em padrões ou elementos que de certa forma são familiares para nossa rotina ou modelo de vida é a identificação que temos com eles. Ter contato com algo que é parecido com outra coisa com a qual já estamos acostumados pode nos deixar menos ansiosos, menos tensos e mais propensos a gostar dessa coisa, especialmente se for um elemento sendo apresentado para nós pela primeira vez (como uma pessoa que acabamos de conhecer). Você deve se lembrar de alguma ocasião na qual sentiu receio ou insegurança (talvez ansiedade) por causa de algum evento (talvez uma festa, uma cerimônia ou apresentação) e, ao chegar ao local, encontrou alguém que conhecia, um rosto familiar, alguém que já fazia parte da sua rotina. Aquilo provavelmente o tranquilizou bastante, e talvez tenha até mesmo ajudado você a prosseguir com o evento do qual participava. Pois é basicamente isso: podemos vivenciar muito mais tranquilidade e até mesmo alívio ao termos contato com elementos que já nos são familiares ou com os quais nos identificamos. Em linguagem corporal, tal ideia é transmitida por meio do ato de espelhar a postura corporal de outra pessoa.

Uma técnica muito eficaz para manter boas amizades ou estimular que as pessoas se tornem mais próximas de você é fazer o espelhamento corporal. Como o próprio nome sugere, espelhamento significa literalmente imitar os gestos corporais de alguém. Se essa postura for copiada de forma correta e natural (sem parecer que você está brincando de "chefinho mandou"), o efeito será que a pessoa irá aos poucos se familiarizar com você por sentir que sua postura é bastante familiar (e, como já vimos, familiaridade é algo que levamos muito em conta na hora de decidir se vamos ou não "gostar" de alguém).

Experimente você também

Quando alguém se apresentar para você, observe atentamente a forma como a pessoa se comporta não verbalmente: a postura, os gestos, como ela se toca e como fala. Tente ir imitando aos poucos os gestos, as palavras e as posturas durante a conversa. Não precisa ser imediatamente após a pessoa fazer um gesto ou um movimento — você pode esperar alguns segundos e então imitar o que ela fez. Por mais engraçado que pareça, em algum momento dessa interação, ela sentirá a familiaridade que comentamos. Ela tenderá a sentir que vocês têm a sintonia de uma amizade de longa data e que são "pessoas muito parecidas", e terá ainda mais vontade de se aproximar de você. Caso você observe uma resposta positiva ao espelhar o comportamento não verbal de alguém, faça mais um teste para verificar se vocês estão realmente sintonizados de forma positiva. Após imitar um ou outro gesto (depois de já ter certeza de que a pessoa está expressando um feedback positivo em relação ao espelhamento), faça o contrário: verbalize alguma coisa, porém trocando o gesto ou a postura, e observe o que a outra pessoa faz. Se ela copiar seu gesto, pode ter certeza de que já está sintonizada com você (quer ela saiba disso ou não) e que já está até mesmo espelhando sua postura.

Podemos ver na foto que, nesta situação, há empatia, pois ambos estão espelhando o sorriso e o gesto de "positivo" com as mãos.

OS GESTOS

Na cinésica, temos também uma disciplina voltada para o estudo dos gestos e seus possíveis significados. A vasta maioria dos gestos ocorre durante a verbalização, estando majoritariamente associada a contextos conversacionais. Porém, como vamos ver agora, alguns gestos são considerados exceções e carregam seus próprios significados, independentemente de o indivíduo estar ou não verbalizando algo enquanto gesticula. Os gestos podem ser divididos em três principais variações: ilustradores, emblemáticos e MAP (manipuladores, adaptadores e reguladores). Além dos três tipos principais, como vamos observar, alguns critérios específicos podem nos ajudar a entender, por meio dos gestos, se uma pessoa está sendo concordante ou discordante enquanto verbaliza e gesticula.

Gestos ilustradores

Os gestos ilustradores têm por função, como o próprio nome sugere, "ilustrar" a mensagem verbalizada. Ou seja, eles geralmente são utilizados como um complemento da mensagem falada (como quando alguém indica um local para você, verbalmente, e então aponta, dizendo: "Opa, essa rua? Ela é ali, ó, virando à direita depois daquele posto de gasolina"). Por isso, é extremamente necessário que um gesto ilustrador possua um contexto no qual uma verbalização é feita (esse é um dos motivos de não devermos analisar a linguagem corporal em fotos: imagine analisar gestos em uma imagem sem saber o que a pessoa estava falando?).

"É aquele cara ali."

"Só um pouquinho."

SINCRONIA GESTUAL E VISUAL

Falando sobre gestos ilustradores, como eles costumam ocorrer durante a verbalização, é possível observarmos por meio deles algumas pistas de que aquela pessoa está sendo congruente ou incongruente com o que está afirmando. Conforme observado nas pesquisas de Ekman e Friesen, quando estamos ilustrando nossas ideias, tendemos a utilizar as partes motoras do nosso cérebro em sincronia com as partes competentes ao nosso raciocínio lógico e à nossa memória. Por isso é muito comum, ao relatarmos uma situação real, gesticularmos e até mesmo "olharmos na direção que o gesto aponta", assim como fizemos no momento exato em que essa situação (agora uma memória) ocorreu. Basicamente, para observar a concordância ou discordância, você deve prestar atenção à direção do olhar da pessoa em relação ao ponto que seu gesto ilustrador está apontando.

Geralmente, olhamos para a mesma direção que estamos apontando quando estamos sendo congruentes. Se alguém está contando uma história e diz "Eu vim daquela sala" (enquanto aponta para a sala) e, nesse momento, o olhar da pessoa está direcionado para o mesmo lugar que ela aponta (onde seria a tal sala), é muito provável que ela esteja realmente sendo congruente com o que fala. Se a pessoa olha para um lado e aponta para o outro, isso pode ter relação com uma incerteza ou insegurança momentânea, ou simplesmente pode representar um processo não genuíno de narrativa (dependendo do contexto e de outros sinais). Pode acontecer ainda de a pessoa gesticular para ilustrar uma história e, em vez de olhar para a direção em que o gesto aponta, permanecer olhando para o seu rosto. Isso pode ocorrer por causa do chamado "*facial feedback*", que basicamente é uma tendência apresentada por alguns mentirosos enquanto contam uma narrativa falsa: eles dizem algo e ficam olhando para o rosto do interlocutor. Segundo o psicólogo forense e pesquisador Aldert Vrij, isso acontece principalmente por dois motivos. O primeiro é compensar aquela ideia popular de que "o mentiroso nunca olha nos olhos", e o segundo é entender se a pessoa está ou não acreditando na história falsa, checando assim a sua resposta facial (por isso o nome "*facial feedback*"). Então fique alerta: a pessoa está gesticulando, demonstrando com as mãos como aconteceu uma história, mas não olhou nenhuma vez na direção que os gestos apontam? Cuidado!

"Eu lembro que era uma maçã bem grande, aí eu peguei a maçã e..."

SINCRONIA EMOCIONAL

Outro caso muito comum que ocorre na linguagem corporal, especialmente quando estamos tentando enganar alguém, é a "não sincronia emocional e gestual". Como Pamela Meyer nos mostra no livro *Liespotting: Proven Techniques to Detect Deception* [Revelando mentiras: técnicas comprovadas para detectar enganos], foi observado em pesquisas que, quando externalizamos nossas emoções em conjunto com outros canais, como voz, corpo e face, temos uma tendência muito grande a apresentar sincronia entre essas formas de expressão. Tome como exemplo situações nas quais estamos muito bravos com algo ou quase a ponto de começar uma agressão física ou verbal. Estamos sentindo raiva — quando essa raiva atinge sua intensidade mais alta, o que ocorre? Geralmente, damos um golpe com a mão em algo (ou alguém), como um tapa na mesa, ao mesmo tempo que comprimimos os lábios e franzimos as sobrancelhas, sinalizando raiva. Durante tudo isso, ainda chegamos a verbalizar alguma palavra dura enquanto nosso volume vocal aumenta (muitas vezes, até nosso tom vocal se afina nesse momento). O ponto é que demonstramos muita sincronia entre a emoção, a mensagem verbalizada, a face, a voz e os nossos gestos quando a situação é genuína.

Em contrapartida, quando estamos fingindo algo ou transmitindo uma emoção que não sentimos, a tendência é que essa falsa resposta emocional seja expressa de forma não sincronizada. Pode acontecer, por exemplo, um grito ou xingamento, uma cara feia e, somente depois disso, um tapa na mesa ou um soco na parede. De acordo com Ekman, isso muitas vezes pode ser apenas um "teatrinho" que a pessoa está fazendo.

Gestos emblemáticos

Gestos emblemáticos, diferentemente dos ilustradores, são utilizados para representar emoções. Ou seja, eles são utilizados no lugar de mensagens verbais e não estão abertos a interpretação, mesmo que não haja verbalização (o ato de mostrar o dedo do meio deverá ter o significado de "dedo do meio", independentemente do que está sendo falado). Em outras palavras, gestos emblemáticos têm seu significado popularmente conhecido pela maioria das pessoas (poucas exceções têm um significado muito distinto a depender da cultura, como o sinal de "ok" que conhecemos no Brasil, onde tocamos o dedo indicador com o polegar e elevamos os outros três dedos da mão, que pode ser visto como uma ofensa racial em alguns locais nos Estados Unidos). Temos gestos emblemáticos para emoções de valência positiva e negativa.

Mostrar o dedo médio é um gesto emblemático popularmente associado a emoções e sensações negativas.

- **FORA DA LINHA DE VISÃO:**

Se eu dissesse que, em certos casos, esse tipo de gesto emblemático pode ser visto de forma explícita (por nós, interlocutores) e denunciar algum recado ou sensação que a pessoa está sentindo naquele momento sem que ela perceba, o que você acharia?

Primeiramente, essa parece uma ideia não muito realista — afinal de contas, quem não iria perceber que está sinalizando um dedo do meio para outra pessoa?

Mas infelizmente (ou, no nosso caso, felizmente) isso acontece. A pessoa exibe o gesto emblemático e muitas vezes nem percebe o que está fazendo, basicamente porque, quando gesticula em um contexto no qual está emocionalmente envolvida na situação, ela geralmente efetua o gesto fora da sua linha de visão objetiva.

Ekman descobriu isso em um estudo muito curioso. Em resumo, ele reuniu um grupo de alunos, solicitando que apresentassem um trabalho para determinado professor que já tinha certa "fama" de ser muito crítico na faculdade.

Não importa qual crítica recebessem, os alunos foram orientados a exibir um sorriso social e convidativo e a transparecer naturalidade em vez de incômodo. O que eles não sabiam era que, independentemente da performance deles, o objetivo do professor era "atacar" os alunos e, de certa forma, gerar incômodo naquele momento. Aluno por aluno, o professor foi criticando, de forma bem desconfortável, enquanto os estudantes permaneciam sentados na sua frente. Os alunos foram observados durante todo o processo, e, ao sair da sala, cada um deles revelou ter nutrido fortes emoções negativas no "debate" com o professor.

Ekman observou que muitos dos alunos faziam gestos emblemáticos durante boa parte do tempo em que ouviam o professor falar. Eles literalmente estavam lá mostrando o dedo médio para ele. O mais curioso é que faziam isso sempre fora da própria linha de visão: um aluno, por exemplo, ficou com a mão apoiada no joelho, porém com todos os dedos dobrados, à exceção do dedo médio, por um bom tempo. Outro aluno cruzou os braços e fez o famigerado gesto com a mão na lateral do corpo, enquanto alguns alunos chegaram até mesmo a apoiar o queixo na mão e coçar o rosto com o dedo do meio esticado.

Resumidamente, podemos entender que, quando os gestos emblemáticos ocorrem fora da linha de visão, eles podem revelar quais sensações a outra pessoa sente por você naquele momento, além de quais, muito provavelmente, está tentando conter. Fique alerta: muitas vezes, alguém está conversando com você ou elogiando seu trabalho, mas posiciona a mão em cima da mesa, evidenciando o famigerado dedo médio.

Aqui, observamos uma cena tensa. Apesar de o rapaz se afastar, podemos ver que, em sua mão esquerda (a que segura o livro), o gesto emblemático ainda aparece, porém fora da linha de visão objetiva dele.

MAP

Os gestos do tipo manipuladores, adaptadores e pacificadores (MAP) estão associados à alteração dos estados emocionais, geralmente de um mais calmo para um mais ansioso.

Quando nos autopacificamos, esfregamos as mãos, começamos a manipular um relógio ou uma peça de roupa, estamos descarregando a tensão e a ansiedade para um ponto físico, com o objetivo de alterar nosso estado de ansiedade para neutro ou calmo. Atitudes como tocar e massagear o próprio corpo ou movimentar de forma constante algum objeto podem ser indicadores de MAP.

Acontece que temos nociceptores em nossa pele capazes de conduzir sinais para a liberação de certos hormônios. Se você estiver com muita ansiedade e de repente começar a massagear as mãos ou os braços, pode acabar estimulando a produção de serotonina ou dopamina, hormônios que tendem a agir no sentido contrário ao comportamento ansioso e que, consequentemente, podem deixá-lo em um estado mais relaxado.

Coçar o rosto, a boca ou o nariz são formas comuns de se autopacificar.

- **ALTERAÇÃO NA FREQUÊNCIA DE MAP:**

Como os gestos MAP costumam aparecer durante picos de ansiedade (e ansiedade é um estado emocional associado à dissimulação), criou-se a ideia de que todo gesto MAP é automaticamente um indicador de que a pessoa está mentindo. Como já falamos antes, cientificamente falando, não existe "o sinal da mentira". O que pode ocorrer é que, durante a mentira, a pessoa tente se autopacificar no intuito de diminuir seu estado de ansiedade e assim diminuir as chances de demonstrar vazamentos não verbais.

O foco aqui é apenas observar a alteração dos gestos MAP — esse sim o principal ponto para nos ajudar a utilizar os gestos na hora de detectar quando alguém está sendo incongruente. Como já discutimos, a alteração na frequência (ou na forma) de um MAP pode ocorrer quando estamos inseguros ou ansiosos com alguma situação. Esse é um tipo de gesto muito comum em pessoas que são pegas de surpresa e recorrem à dissimulação. Imagine que uma pessoa já exibe gestos em que toca o próprio corpo enquanto fala normalmente com você — ela se coça aqui, se toca ali, arruma a gola da camiseta. Isso é normal para essa pessoa, ela já exibe certa frequência-padrão de gestos MAP. *Porém*, imagine que, em determinado momento, ao receber uma pergunta contundente, ela altere esse comportamento: agora, em vez de apenas coçar o braço, ela começa a coçar ou beliscar a pele próxima ao nariz. De repente, ela passa a arrumar a gola da camisa mais rápido e com maior intensidade, ao mesmo tempo que começa a se movimentar mais depressa ou até mesmo a exibir microexpressões de medo. Nesse contexto imaginário, é muito provável que essa alteração nos gestos MAP evidencie que a pessoa está mentindo.

Manipulação da vestimenta pode ocorrer quando estamos nervosos e tentamos nos autopacificar.

LINGUAGEM CORPORAL E MICROEXPRESSÕES FACIAIS

Agora que conseguimos entender um pouco mais alguns sinais não verbais associados a discordância e concordância, podemos nos aprofundar no tema deste capítulo, que é justamente analisar a linguagem corporal por completo. Ou seja, observar os sinais não verbais e também as microexpressões da face, realizar a combinação desses dois canais e, por meio da interpretação, entender se o resultado final é concordante ou discordante em relação ao que a pessoa está verbalizando. Veremos a seguir alguns exemplos práticos em que essa combinação entre face e corpo resulta na interpretação de discordante e concordante. Lembre--se de tentar observar a imagem e entender em sua totalidade os sinais, gestos e contrações faciais, para que aí sim consiga absorver melhor o tema deste capítulo. Ao ver uma imagem, imagine que você ainda não sabe o resultado da análise: tente observar e interpretar a microexpressão facial que a pessoa está fazendo (se achar necessário, volte algumas páginas para ler os critérios específicos de cada microexpressão), observe o corpo da pessoa, os gestos, a postura — ela é concordante com a face? Reflita sobre o que está vendo, leia o contexto da situação novamente e só depois emita uma conclusão — esta será uma ótima forma de estudar as imagens a seguir. Ao final deste capítulo, você poderá conferir novamente os sinais não verbais que aprendeu em um guia rápido. Tudo pronto para fazer as análises? Então vamos lá!

EXEMPLOS SIMULADOS DE SITUAÇÕES REAIS COM CONCORDÂNCIA NÃO VERBAL

Contexto: Um supervisor está dando bronca em uma das colaboradoras de sua equipe de vendas (foto 1). Ela não aceita bem o que ele está falando. O chefe já está se segurando para não explodir, até que a colaboradora discorda dele de forma arrogante. Nesse momento (foto 2), o chefe, visivelmente irritado, perde a calma e começa a repreender a funcionária de maneira extremamente autoritária.

Foto 1: O braço esticado e a cabeça levemente projetada para a frente indicam que o chefe é quem está ativo e com maior abrangência nesse momento, ou seja, quem domina a situação. Em sua face, vemos que os olhos estão levemente arregalados e com tensão entre as sobrancelhas, isto é, um semblante que não expressa emoções positivas.

Foto 2: Após ser contrariado, a face do chefe muda muito: há um grande tensionamento entre as sobrancelhas (que se inclinam para baixo em direção à raiz nasal) e os olhos se apertam, criando uma microexpressão de raiva. Além disso, seus gestos se elevam até quase a linha da visão, e suas palmas da mão apontam para baixo, em gestos de superioridade e dominação. O dedo em riste, nesse contexto, entra como um sinal de possível ameaça e dominação.

Conclusão: A linguagem corporal do chefe é totalmente concordante com a irritação que ele está sentindo nesse contexto.

Contexto: Uma moça está na sala de espera de um consultório quando, de repente, um homem estranho entra e fica observando tudo ao redor. O homem não fala com ninguém e vem se sentar perto da moça. Ela percebe que ele está puxando algo da cintura e acha isso muito suspeito (foto 1). De súbito, a moça percebe que o homem está sacando uma faca, e, nesse momento, ela se espanta (foto 2).

Foto 1: Na face da moça, vemos surpresa por meio da abertura não tão intensa dos olhos e da queda relaxada do maxilar. As mãos dela estão tensas, e sua postura, com a bolsa na frente do tronco, simboliza um escudo.
Foto 2: Vemos mais tensão na face da moça e observamos que os olhos estão mais arregalados e que a linha da boca se estende horizontalmente em uma microexpressão de medo. Seus olhos estão fixos na possível "ameaça". Os cotovelos apontam em direção ao homem, delimitando uma espécie de "barreira". O tronco gira para o lado oposto ao da ameaça. A bolsa age completamente como escudo, e as pernas da moça estão tensionadas, prontas para a fuga.

Conclusão: A linguagem corporal da moça é congruente com a ideia transmitida de "estar com medo".

Contexto: Um rapaz está em seu local de trabalho quando, de repente, olha para o lado e depara com uma pessoa familiar (foto 1). Ele fica feliz e se aproxima dessa pessoa (que reconhece como um velho amigo) para então cumprimentá-la (foto 2). Ele abraça o amigo de infância com muita felicidade, pois não o via há bastante tempo (foto 3). Durante o abraço, o rapaz se lembra de momentos tristes que passou na companhia desse amigo (foto 4).

Foto 1: Vemos que a mão do rapaz está esticada em uma posição estática, uma resposta comum a um estímulo de surpresa. No rosto dele, vemos lábios separados, olhos levemente arregalados e sobrancelhas levemente elevadas, em uma microexpressão facial de surpresa.

Foto 2: Nesta imagem, vemos que o tronco do rapaz se encontra totalmente direcionado para o amigo, indicando onde está o interesse dele nesse momento. A linha do tórax está aberta, indicando sensações positivas e abertura emocional. Os membros avançam em direção ao amigo, reforçando onde está o interesse. No rosto do rapaz, vemos um sorriso largo em conjunto com os olhos apertados e o enrugamento típico de pés de galinha, gerando uma microexpressão facial de felicidade genuína.

Foto 3: Nesta imagem, os dois reduzem a proxêmica e aumentam as impressões táteis na forma de um abraço. Vemos no rosto do rapaz que as contrações e o enrugamento do sorriso de felicidade genuína se intensificam. Ele está realmente muito feliz nesse momento.

Foto 4: Nesta última imagem, podemos ver a nítida diferença na expressão facial do rapaz: os cantos dos lábios se esticam lateralmente e se deslocam para baixo. Entre as sobrancelhas, na região glabelar, vemos rugas verticais e saliências de pele. Na região interior das sobrancelhas (bem próximo à região glabelar), vemos que elas se elevam um pouco. Isso tudo evidencia uma clara expressão facial de tristeza.

Conclusão: Toda a linguagem corporal do rapaz é congruente com a ideia transmitida de estar muito feliz com a presença do amigo ali e, depois, com a lembrança de momentos tristes.

Contexto: Um supervisor está em reunião com sua equipe de trabalho, falando sobre os próximos planejamentos e objetivos da equipe e explicando um procedimento técnico (foto 1). Ele exemplifica a técnica para seus funcionários de forma bem didática (foto 2).

Foto 1: Podemos ver que seus gestos ilustradores (transmitidos com o dedo indicador) estão apontando na direção de algo. Vemos também que seus olhos estão em sincronia com a direção apontada. Além disso, notamos que seus gestos são abrangentes, o que indica que o supervisor tem confiança no que está explicando — a gesticulação ocorre sem cruzar ou bloquear o tórax, indicando que ele está "de coração aberto" ao explicar suas ideias nesse momento.

Foto 2: Novamente, vemos a sincronia entre o olhar e a direção dos gestos ilustradores, evidenciando grande congruência. Outro detalhe interessante é que, nesse momento, as mãos do supervisor estão majoritariamente com a palma virada para cima, uma posição comumente conhecida como "pedinte", ou seja, que frequentemente está associada a transparência e honestidade.

Conclusão: A linguagem corporal do supervisor é totalmente coerente com o momento.

Contexto: Uma mulher lê as propostas encaminhadas pelo advogado de seu marido sobre o processo de divórcio pelo qual estão passando (foto 1). Ela começa a ficar preocupada pelo modo como a divisão dos bens está sendo feita (foto 2). A mulher percebe que não conseguirá obter um acordo proveitoso para si caso aceite as propostas estabelecidas pelo futuro ex-marido (foto 3).

Foto 1: Na face da mulher, vemos tensão entre as sobrancelhas, indicando raiva. Vemos que seus ombros estão levemente tensionados, indicando certo desconforto.

Foto 2: Nesse momento, vemos que a linha da boca da mulher se estende lateralmente. Observamos as rugas paralelas ao canto dos lábios e o apertar dos olhos, uma expressão de medo. A mão na têmpora pode ser tanto um gesto pacificador (feito no intuito de se acalmar) quanto um indicador de vergonha ou culpa.

Foto 3: Nesta última imagem, vemos que a mulher remove por completo as mãos dos documentos (retraindo os membros), levando-as à cabeça e quase cobrindo os olhos (que já estão com a abertura reduzida), uma mensagem clara de "não quero mais ter contato com este material na minha frente". A cabeça baixa está associada com culpa ou sensação de impotência. No rosto da mulher, observamos que os lábios se contraem, um comportamento facial de raiva. As mãos na testa também podem estar associadas a um gesto pacificador e a uma tentativa de autopacificação (caso imaginemos que a mulher as esfrega contra a testa).

Conclusão: A linguagem corporal da mulher é totalmente congruente com o estado emocional pertinente à situação de divórcio.

Contexto: Duas amigas estão participando de um concurso. Durante o momento do sorteio do número vencedor, elas se mantêm na expectativa, animadas para saber o resultado (foto 1). Uma delas ganha o prêmio, e as duas explodem de felicidade (foto 2). Elas comemoram se abraçando e se parabenizando (foto 3).

Foto 1: Na moça de blusa clara, vemos ombros levemente tensionados. Mãos apertadas e retraídas, próximas ao tórax, indicando tensão e ansiedade marcante. Em seu rosto, apesar de vermos um largo sorriso e os olhos apertados (o que indica felicidade), podemos ver também, pela saliência próxima às bochechas, que ela está contraindo a mandíbula, indicando novamente tensão e ansiedade. Na mulher de blusa escura, vemos ombros ainda mais tensionados que os de sua amiga. Vemos que suas mãos estão elevadas, mas que aparentam estar imóveis (mesmo em uma imagem), pois vemos os dedos esticados, como em um sinal de "pare" ou "espere". Esses indicadores mostram tensão e expectativa. Ela está com a linha do tórax aberta, o que indica abertura emocional. Em seu rosto, vemos um sorriso — porém, os olhos estão mais arregalados que os da amiga, indicando que a mulher ainda está muito atenta ao resultado e não completamente feliz. O

tronco das duas amigas está direcionado para o mesmo lugar (provavelmente, para onde está sendo realizado o sorteio), indicando onde o foco delas está nesse momento.

Foto 2: Nesta imagem, a linguagem corporal das duas é muito similar, quase que um espelho uma da outra, o que já nos mostra o alto nível de empatia entre elas (devido ao espelhamento não verbal). Os braços se elevam no tradicional "sinal de vitória". A elevação das mãos também está associada à sensação de superioridade. A linha do tórax de ambas está aberta, indicando que elas estão com o emocional aberto (mais um indicador de sensações positivas). No rosto das duas, vemos largos sorrisos que separam as arcadas dentárias. Porém, a arcada dentária superior (em ambos os rostos) encontra-se mais visível do que a inferior. Ao redor dos olhos das amigas (que estão bem apertados), vemos o enrugamento chamado de pés de galinha (mais perceptível na mulher de roupa escura). Ambas estão muito felizes, e a felicidade é mútua.

Foto 3: Na última imagem, vemos a diminuição da proxêmica e o aumento das impressões táteis, este último traduzido na forma de um abraço. Um dos principais sinais de empatia e felicidade genuína.

Conclusão: O comportamento não verbal das amigas é congruente com o contexto, e também demonstra sinais genuínos e congruentes de um relacionamento social positivo (naquele momento).

Contexto: Uma moça em uma reunião de trabalho olha para uma colega. As duas estão sempre competindo por uma sonhada promoção dentro da empresa (foto 1). Ela sorri ao checar uma mensagem de seu superior e descobrir que conseguiu atrapalhar a promoção da colega de trabalho para um cargo melhor (foto 2).

Foto 1: Pela elevação da cabeça, podemos constatar uma postura de superioridade. A contração unilateral no canto esquerdo do lábio da mulher configura uma expressão facial de desprezo. A mão apoiada no queixo, com o braço cruzado na frente do tórax, mostra uma postura não convidativa e defensiva.
Foto 2: Conseguimos ver no rosto da mulher que os cantos dos lábios se elevam bilateralmente em um ângulo ascendente, formando um sorriso. Na região ao redor dos olhos (que estão apertados, com abertura reduzida), vemos o enrugamento conhecido como pés de galinha, uma expressão de felicidade genuína.

Obs.: Essa camada de felicidade é definida como *Schadenfreude*, uma sensação de felicidade genuína que experienciamos quando alguém de quem não gostamos se dá mal.

EXEMPLOS SIMULADOS DE SITUAÇÕES REAIS COM DISCORDÂNCIA NÃO VERBAL

Contexto: Um senhor chega a seu local de trabalho e depara com um antigo colega (foto 1), vai até ele a fim de cumprimentá-lo e conta que ficou feliz com sua presença (foto 2). O colega faz um gesto afirmativo e murmura algo positivo em resposta (foto 3). Porém, o colega não gosta desse senhor, pois o considera incapaz de estar hierarquicamente acima dele na empresa.

Foto 1: Na expressão corporal do senhor, podemos ver um gesto abrangente e que sinaliza algo positivo (com o polegar para cima). Vemos também que ele gera a tacêsica ao tocar no ombro do colega. Também vemos felicidade genuína em sua face, devido ao sorriso em conjunto com a compressão dos olhos. Em contrapartida, no colega, não vemos respostas espelhadas (de forma não verbal), tampouco uma expressão positiva em sua face (ele nem sequer direciona o tronco para o senhor).

Foto 2: O senhor mantém sua linguagem não verbal positiva. Em seu colega, vemos: leve afastamento corporal, gesto não abrangente e cruzando a frente do corpo (de forma defensiva). Em sua face, em vez de felicidade, observamos uma contração no canto dos lábios, formando uma covinha, uma microexpressão facial de desprezo.

Foto 3: Por fim, quando os dois se cumprimentam, é possível ver a felicidade no rosto do senhor. No colega, vemos que a proxêmica aumenta (ele se afasta ainda mais). Ele empurra a mão do senhor para longe ao cumprimentá-lo, e, em sua face, apesar de vermos um sorriso e os olhos estreitados, podemos ver que seu lábio superior está elevado (evidenciando as gengivas), acentuando o sulco nasolabial (o famoso bigodinho chinês), uma microexpressão de nojo.

Conclusão: Na verdade, o colega de trabalho não demonstra emoções positivas e recíprocas com relação ao senhor. Portanto, sua linguagem corporal é incongruente com o que ele expressa verbalmente.

Contexto: Dois amigos se encontram para bater um papo. Um deles é músico e pede para mostrar sua nova composição (foto 1). O outro amigo diz, de forma meio desajeitada, que gostou (foto 2). Mas, na verdade, ele acha que a música não passa de uma cópia barata de uma canção que ele próprio já havia feito.

Foto 1: Apesar de estar batendo palmas, o amigo demonstra sinais de afastamento corporal (inclinando-se para longe do violão, que seria o objeto de interesse). Em sua face, vemos assimetria na linha da boca e um dos cantos dos lábios elevado, uma microexpressão de desprezo.
Foto 2: Aqui, ao elogiar, o amigo mantém novamente o corpo afastado do violão. Ele não faz gestos abrangentes (o gesto com o polegar está quase escondido e próximo ao corpo). Em sua face, vemos um sorriso que aparenta estar mais esticado lateralmente do que em ângulo ascendente, e não observamos contração ao redor dos olhos — a expressão não é de um sorriso genuíno.

Conclusão: O amigo não demonstra aproximação nesse momento, tampouco emoções positivas, ou seja, há incongruência entre as linguagens verbal e não verbal.

Contexto: Em uma festa de família, um parente vê seu primo de longe e vai até lá abraçá-lo. Todos os familiares já sabem que esse parente chega abraçando e achando que todos apreciam o gesto, pois, segundo ele mesmo, "ninguém nunca reclamou". Ele abraça o primo (foto 1), que se sente totalmente desconfortável com o abraço, porém não comenta nada (foto 2).

Fotos 1 e 2: Apesar de o parente invasivo estar extremamente feliz, como podemos observar pelo sorriso genuíno, pela proxêmica diminuída e pelo toque, é possível ver no primo: braços cruzados (um sinal claro de postura fechada ou defensiva), ausência de espelhamento não verbal, ausência de expressões faciais positivas em seu rosto, ombros levemente tensionados e direcionamento do tronco e dos olhos para longe da situação. A linguagem corporal do primo é clara: desconforto e desinteresse extremos.

Conclusão: Apesar de "não falar nada", a linguagem corporal do primo que está sendo abraçado é incongruente com a ideia de "aprovação" ou "felicidade" em resposta ao abraço do parente invasivo. Nesse caso, não dá para dizer que "ele nem reclamou, deve ter gostado do abraço".

Agora que já interagimos bastante com os sinais não verbais mais comuns em algumas situações cotidianas, sinta-se livre para reler este capítulo ou, caso prefira, para checar as informações disponíveis no resumo a seguir. Lembre-se de sempre analisar levando em consideração contexto e linha de base, e de nunca tentar concluir nada a partir de um único sinal. Mas fique à vontade para estudar cada sinal presente nesta parte do livro, bem como checar a literatura e as pesquisas associadas a esses sinais não verbais.

GUIA DE CONSULTA RÁPIDA — MICROEXPRESSÕES FACIAIS

	RAIVA
	MEDO
	SURPRESA
	NOJO
	DESPREZO
	TRISTEZA
	FELICIDADE

GUIA DE CONSULTA RÁPIDA — LINGUAGEM CORPORAL POSITIVA

 Direcionamento corporal ou direcionamento corporal mútuo	Direcionar o corpo para algo demonstra o interesse da pessoa em determinada coisa. Durante uma interação, pessoas que direcionam o corpo uma para a outra sinalizam grande interesse mútuo naquele momento.
 Espelhamento não verbal	Espelhamento é, como o próprio nome sugere, um momento em que a linguagem não verbal de uma pessoa é "copiada" (espelhada) por outra pessoa. Indica grande conexão empática.
 Aproximação corporal	A aproximação (ou avanço) corporal indica o aumento de interesse em determinado estímulo — pode ser um objeto, uma pessoa, uma ideia etc.
 Postura de confiança	Peito estufado, ombros relaxados e tórax livre são indicadores de uma postura confiante, associada a sensações positivas de superioridade.
 Sincronia e abrangência gestual	Gestos ilustradores, abrangentes e sincronizados com a fala são fortes indicadores de congruência não verbal.

 Postura aberta	Uma postura com o tórax livre, ou seja, sem braços cruzados ou membros posicionados na frente, indica abertura.
 Cabeça elevada	Elevação da cabeça ou do queixo é um sinal que indica sensações de confiança e superioridade.
 Direcionamento dos pés ou direcionamento mútuo dos pés	Direcionar a ponta dos pés para algo demonstra o interesse da pessoa em determinada coisa. Um aluno que está desinteressado em uma aula tende a apontar os pés para a porta da sala. Durante uma interação, pessoas que direcionam os pés uma para a outra sinalizam grande interesse mútuo naquele momento.
 Aumento na tacêsica	O aumento no toque interpessoal, assim como uma forma mais suave de tocar, indicam aumento no interesse (até mesmo íntimo) ou sensações positivas.
 Gestos positivos ou em movimentação positiva	Gestos emblemáticos que traduzem emoções positivas, como o "joia" (com o polegar para cima), e gestos com movimentação de cima para baixo (deslocando-se de forma a ilustrar um "sim") indicam sensações positivas, concordância ou aprovação.

GUIA DE CONSULTA RÁPIDA — LINGUAGEM CORPORAL NEGATIVA

 Direcionamento corporal oposto	Direcionar o corpo para o lado oposto a algo demonstra o desinteresse da pessoa em determinada coisa. Direcionar o corpo para longe, em uma conversa, demonstra o desinteresse da pessoa naquele momento.
 Afastamento corporal	O afastamento (ou recuo) corporal indica desinteresse ou desaprovação por determinado estímulo — pode ser um objeto, uma pessoa, uma ideia etc.
 Tensão nos ombros	Tensão muscular brusca e repentina, especialmente quando ocorre nos ombros, pode indicar medo, nervosismo ou ansiedade.
 Postura de inferioridade	Peito para dentro, cabeça abaixada, braços cruzados ou mãos entrelaçadas são indicadores de uma postura de inferioridade, associada a sensações de impotência, medo e fragilidade.
 Gestos emblemáticos negativos	Gestos emblemáticos negativos, como mostrar o dedo médio ou fazer "sinal de negativo" (com o polegar para baixo), ou ainda o sinal de "ok" (dedo indicador e polegar formando um "O"), quando ocorrem em contextos negativos e abaixo da linha de visão, indicam negação, desaprovação ou tensão emocional negativa.

 Postura de fechamento	Tórax protegido pelos braços ou mãos entrelaçadas na frente do abdômen, junto com um direcionamento corporal "para fora", são indicadores de "fechamento", apontando que a pessoa não está aberta para novas ideias naquele momento.
 Gestos pacificadores	Aumento na frequência do autotoque (tocar ou massagear o próprio corpo, apertar as mãos) indica aumento no nível de ansiedade e nervosismo.
 Gestos de cima para baixo	Gestos que iniciam com a palma da mão virada para baixo tendem a indicar sensações de superioridade, manipulação ou dominação.
 Bloqueio com objetos	Colocar objetos entre você e a pessoa com quem você interage (geralmente na linha do tórax) é uma maneira de indicar fechamento ou desaprovação.
 Queda da cabeça e vergonha	Cabeça baixa e mãos cobrindo o rosto são fortes indicadores de vergonha, culpa ou nervosismo.

6. Linguagem corporal no dia a dia: ela pode mesmo ajudar em situações profissionais?

O ano de 2017 foi marcante na minha vida. Foi quando meu canal Metaforando gerou sua primeira grande impressão na internet. Após meu vídeo analisando a linguagem corporal de Bruno Borges (vulgo Garoto do Acre), identificando incongruências em seu desaparecimento e em todo o caso (que foi posteriormente encerrado pela investigação policial como um golpe de marketing), milhares de pessoas começaram a acompanhar minhas análises. Consequentemente, passei a receber uma quantidade imensa de e-mails e mensagens: era muita gente interessada em linguagem corporal. Achei o máximo — passava horas respondendo perguntas, era muito legal! Porém, eu não havia recebido nenhum contato que me deixasse tão tenso mentalmente como naquela manhã de domingo, quando, após acordar e ir até a cozinha para checar meu Facebook, deparei com a seguinte mensagem em minha página:

Fala, cara, beleza? Poxa, curti muito seu trabalho, mano, vi uns vídeos seus e achei legal demais. Sempre curti essa parada de Lie to Me! Bora bater um papo?

As mensagens eram do perfil de Maurício Meirelles. Primeiro fiquei surpreso, mas, no minuto seguinte, cheguei à conclusão de que só podia ser algum perfil falso. Decidi tomar meu café da manhã enquanto pensava no que fazer com aquela mensagem. Maurício Meirelles era um dos meus comediantes favoritos e uma grande inspiração, principalmente quando fiz stand-up comedy. Lembro de ter pensado que seria muito legal caso fosse realmente o Maurício, pois poder conversar com ele seria inacreditável...

De repente, meu celular toca. O som era de notificação de mensagens. Peguei o aparelho e arrastei a aba de notificações até ver duas mensagens de um número não salvo na minha agenda, com DDD 11. Fiquei surpreso de verdade! Arrastei a aba para ler as mensagens, e, antes que pudesse terminar todo o conteúdo, meus olhos vislumbraram o trecho "Aqui é o Maurício Meirelles". Ainda em extremo êxtase, conversei com Maurício, e ambos elogiamos os trabalhos um do outro. Fiz um esforço para sustentar o *rapport* e sempre utilizar perguntas abertas, para assim manter o Maurício conversando comigo e provendo mais informações para que eu pudesse usá-las em futuras conversas virtuais ou até mesmo ao vivo (as pessoas geralmente se esquecem do que falam, e, se você repete algo que elas já mencionaram, acabam tendo a sensação de que você "pensa da mesma forma", o que gera mais empatia entre vocês). Em dado momento da conversa, ele sugeriu que tomássemos um café juntos para conversar sobre linguagem corporal e, nas palavras dele, "Talvez até algo profissional, quem sabe? Eu tenho uma agência, trabalho com atores, palestrantes, comediantes, vamos ver...".

Fiquei perplexo com a ideia de alguém do nível de Maurício Meirelles querer me convidar para uma conversa profissional! Crescer no YouTube sempre foi algo muito difícil, e ter um padrinho ou alguém reconhecido que indique seu trabalho para o público na plataforma é uma forma rápida e confiável de ganhar seguidores e estabelecer um espaço entre vários outros canais tentando obter um lugar ao sol. Marcamos o café para uma segunda-feira, na parte da manhã, lá na agência dele em São Paulo. Ensaiei o que ia falar e como ia abordar os aspectos comerciais sem parecer um cara interesseiro e sem quebrar a conexão empática da conversa. Visualizei minha abordagem (a *visualização*, uma espécie de ensaio mental da situação, deixa a pessoa preparada e relaxada antes de eventos importantes. Como você já imaginou a cena algumas vezes na própria cabeça, a tendência é que sua confiança aumente durante a situação real, assim você não tem nenhuma surpresa).

No dia e na hora marcada, lá estava eu. Maurício estava atrasado, mas me orientou (por mensagens) a entrar na agência e já ir conversando com os sócios dele. "Vai batendo um papo aí, eles querem te conhecer."

Suspeitei de que aquilo fosse um *interrogatório*, porém segui tranquilo (pois já havia imaginado um cenário assim durante minhas *visualizações* da cena). Bruno, um dos sócios dele, veio me buscar, e subimos de elevador, conversando, até a sala deles. O papo já começou descontraído: "Você consegue usar isso para xavecar a mulherada, né?".

Algumas risadas e outras piadas depois, consegui entender que Bruno era um cara mais aberto, mais sociável. Apesar de ser uma pessoa séria, seria alguém menos inquisitivo e mais emocional.

Entramos na sala de reuniões da agência, e outro homem estava sentado, esperando por nós. Era Caio, o outro sócio. Entrei com um sorriso no rosto, dizendo de forma enérgica: "Opa, tudo bem?".

Uma breve análise de linguagem corporal me mostrou o que Caio sentia naquele momento:

Ele estava sentado com um laptop à frente (nesse contexto, o objeto ganhava significado de "barreira"), de braços cruzados, com o corpo afastado para trás e o queixo elevado (nesse contexto, sua postura era de superioridade e fechamento). Ele respondeu de forma seca e sem sorriso no rosto: "Beleza?".

Caio era, como eu havia previsto, uma pessoa que adotaria uma postura mais fechada (similar àquela situação de filmes com o "policial bom e o policial mau". É comum utilizarem essa técnica em entrevistas de emprego e reuniões de empresa ou escolas). Sentei-me na cadeira após apertar a mão dele e tratei de me virar em sua direção, percebendo que ele seria aquele que eu precisaria convencer. Ele se virou para Bruno e perguntou: "Ele faz o que mesmo?" (ignorando o fato de que eu estava, literalmente, na frente dele). Bruno respondeu que eu era especialista em linguagem corporal, ao que Caio se virou bruscamente e, encarando meu rosto com seriedade, disse: "No que eu estou pensando?". Olhei para ele com um sorriso sem graça e, após coçar a cabeça, comentei que eu analisava faces, e não lia mentes, uma resposta que não lhe agradou. Após murmurar algo, ele efetuou uma contração momentânea em seu músculo bucinador (músculo facial localizado lateralmente à linha da boca, responsável por deslocar a parte interna das bochechas em direção aos dentes), de forma unilateral, apertando apenas o canto direito da boca, criando um enrugamento semicircular conhecido como "covinha". Era uma microexpressão de desprezo, o que não era um bom sinal para mim.

As perguntas começaram a vir: se eu tinha formação na área e, se tinha, por meio de qual instituto ou faculdade, se eu produzia um conteúdo científico ou se era mais voltado ao entretenimento, se dava para "usar ao vivo" ou apenas em vídeos. Fui respondendo todas as perguntas de forma técnica e objetiva (para não monopolizar a fala, pois isso pode ficar maçante em uma conversa entre três pessoas, e você pode passar a impressão de ser uma pessoa arrogante e metida a sabichona). Também inseri algumas piadas e exemplos cômicos no meio da minha argumentação para manter a energia positiva na conversa.

Conforme eu falava, podia perceber que Bruno ia, aos poucos, ficando favorável a mim — ele sorria mais, seus braços estavam relaxados ao longo do corpo, e ele se projetava na minha direção (nesse contexto, um forte sinal de atenção e interesse).

Em contrapartida, Caio demonstrava o oposto de Bruno. Cada artigo científico que eu referenciava, cada pesquisa que eu explicava e cada evidência científica sobre o comportamento não verbal faziam Caio apenas revirar os olhos e balançar a cabeça de forma desinteressada.

Fiquei um pouco ansioso naquele momento. Afinal, aquela era a oportunidade de eu "me provar" — a depender do desfecho daquela "entrevista", eu poderia ter uma relação especial com Maurício Meirelles e mudar minha carreira, ou ser só um fã que tomou café com ele.

Após perceber os sinais negativos que Caio estava emitindo enquanto eu falava, entendi que precisava alterar algo em minha comunicação. É muito importante ter essa sensibilidade, especialmente se você se encontra em situações negativas como essa. É bastante útil saber reconhecer rapidamente o que a outra pessoa está sentindo sobre você durante uma negociação, e saber se é necessário alterar sua abordagem antes que ela perca totalmente o interesse. Foi quando ele me perguntou algo sobre microexpressões faciais e eu dei uma resposta técnica, dizendo que era possível analisar pessoas e não saber o que elas pensavam. Nesse momento, observei a seguinte linguagem corporal de Caio:

Ele se afastou, encostando-se na cadeira enquanto efetuava uma negação de cabeça. Também apertou os lábios e empurrou a pele do queixo para cima, puxando os cantos dos lábios para baixo e deixando a linha da boca em forma de arco. Na face superior, suas sobrancelhas estavam elevadas, mas os olhos não estavam arregalados. Após essa contração facial, ele esboçou novamente uma microexpressão de desprezo, apertando o canto da boca (contraindo a AU 14). Ele efetuou esse conjunto de sinais e verbalizou: "Entendi, muito bom...".

Respondi de forma enérgica, dizendo algo mais ou menos assim: "Não, Caio, você não achou muito bom. Fez um afastamento corporal, uma negação de cabeça, contraiu as AUS 1, 2, 15, 17 e 24, uma provável expressão de descrença, e, em seguida, contraiu a AU 14, uma microexpressão de desprezo. Provavelmente, você não concorda com nada que eu disse e muito menos acredita que o que eu falei funcione. Deve pensar que eu sou apenas um moleque falando um monte de besteira".

Nesse momento, ele e Bruno arregalaram os olhos, expressando surpresa genuína.

Um momento de silêncio se passou, e eu já estava me arrependendo de não ter pensado antes de falar.

Caio olhou para Bruno, rindo, e disse: "Caramba, agora eu acreditei nele". Todos nós caímos na risada. Ele se virou de forma relaxada para mim. Descruzou os braços, empurrou o laptop para o lado e se debruçou em minha direção, dizendo que era isso o que ele queria ver, "algo na prática". Naquele momento, ele adotou uma linguagem corporal positiva e concordante.

Continuamos a conversa até que, "misteriosamente", Maurício Meirelles chegou na agência (nada combinado). Ele entrou na sala já dizendo: "Quero ver tu me analisar, maluco!", com um saco de pão na cabeça.

Após inúmeras risadas e piadas, nossa conversa se desenrolou de forma natural, e criamos empatia quase instantaneamente. Maurício estava realmente empolgado, era visível sua animação com o tema. Quando eu me preparava para chamar um Uber e ir embora, ele disse: "Topa gravar um vídeo agora?". Respondi que sim, e voltamos para o estúdio.

Aquela "entrevista" tensa me rendeu vários vídeos com o Maurício e participações em seus shows de stand-up (com direito à primeira análise de linguagem corporal ao vivo, em palco). Fui indicado, mencionado e divulgado por ele diversas vezes. Aquele dia foi um dos mais decisivos para a minha carreira, sem dúvida! Mas o ponto principal que eu realmente não imaginava era ter o "Mau" como amigo — ele é um cara fantástico! Ao longo destes últimos anos, ele foi uma espécie de paizão, me orientando pacientemente sobre como reagir e entender todas as mudanças pelas quais eu, definitivamente, não estava preparado para passar: fama, sucesso, cachês, entrevistas de tv, *hate*, joguinhos sociais etc. Ele é um cara com o coração do tamanho da barriga, bem grandão!

Relembro essa história e entendo que o conhecimento de linguagem corporal e o estado mental que eu criei, com base nos meus estudos, me proporcionaram uma experiência transformadora.

Tive a capacidade de entender que estava em um cenário "difícil" antes de perder a chance. Tive a capacidade de entender como reagir e qual a melhor forma de abordar a situação, e tomei uma atitude.

Minha ação resultou em um desfecho totalmente positivo! Analisando hoje, vejo que não fui refém da situação, não fiquei lá esperando que eles gostassem de mim — eu *fiz* com que gostassem de mim!

E o mais legal disso tudo é que não tenho nenhum superpoder, apenas utilizei técnicas básicas de observação, interpretação e ação em comportamento não verbal, as mesmas técnicas que eu, humildemente, venho fornecer para você no decorrer deste livro. Vamos comandar seu destino?

IDENTIFICAR POSSÍVEIS INTENÇÕES EMOCIONAIS

Você provavelmente já se pegou olhando para alguém no trabalho ou até mesmo pensando sobre essa pessoa, tentando descobrir se ela gostava de você, se era alguém confiável, ou até mesmo se ela não ia muito com a sua cara. É normal tentarmos entender as pessoas ao nosso redor em termos de ligações empáticas (julgar quem é mais ou menos próximo de nós é uma tendência em situações de trabalho em equipe), e, se você já tem esse hábito de observar as pessoas antes de se aproximar delas, saiba que possui mais chances de fazer um bom networking profissional (a maioria das pessoas vai apenas se aproximar por interesses em comum ou por outros sinais mais óbvios).

Certificar-se de que pessoas positivas e que realmente têm ligações empáticas positivas com você serão aquelas de quem você vai se aproximar é uma forma de aumentar sua produtividade! Conforme um estudo da Universidade de Warwick, no Reino Unido, sugere, funcionários que trabalham felizes em meio ao seu grupo de colegas podem aumentar sua produtividade em até 20% se comparados com funcionários infelizes em seu grupo profissional.

É muito importante encontrar seu grupo de trabalho ideal ou mesmo um ou outro colega em quem você possa confiar e com quem possa conversar e vivenciar felicidade durante suas interações.

Porém, ainda assim, em grupos de trabalho ou até mesmo grupos de estudo, é comum encontrarmos alguma pessoa que vai na "direção contrária", ou seja, que não colabora conosco, e isso pode acabar escalando para uma situação na qual essa pessoa nos atrapalha a ponto de nos sentirmos mal em trabalhar ou estar no mesmo ambiente que ela. Pode ocorrer ainda de a pessoa tramar contra nós quando não estamos prestando atenção (ou ainda se fazer de boazinha para conseguir uma aproximação e mais tarde nos complicar). Se você consegue entender rapidamente a intenção emocional que uma pessoa está demonstrando ao interagir com você, pode ser que ainda dê tempo de reverter a situação e evitar um final negativo para a sua história. Veja o caso que acabei de narrar, no qual o sócio de Maurício Meirelles nitidamente se colocou de forma negativa e antagônica a mim. Se não tivesse entendido qual complexo emocional ele apresentava e que tipo de resposta eu precisaria dar em relação ao que ele expressava, eu poderia muito bem ter ficado irritado durante a entrevista, ter aumentado o meu volume vocal ou ter utilizado expressões de autoafirmação como "Eu sou bom!", "Meu trabalho funciona!", "Eu sempre acerto minhas análises!" (particularmente, não recomendo que você use afirmações assim, pois elas tendem a passar a ideia contrária — de que você não é tão competente e não sabe tanto assim, caso contrário, outras pessoas estariam afirmando isso sobre você). Esse tipo de comportamento apenas teria criado ainda mais tensão entre mim e o entrevistador, o que dificultaria muito a aceitação do meu trabalho por parte dele. Caso isso acontecesse, eu poderia nunca ter sido divulgado pelo Maurício Meirelles, e talvez o canal Metaforando nem sequer fosse mencionado em pautas de entrevista de programas como *Pânico* ou *The Noite*. Preste atenção na camada de coisas que podem ocorrer como consequência da forma como você observa e reage aos sinais não verbais das pessoas em contextos profissionais.

E é claro que não são apenas sinais negativos que podem ocorrer. Se não soubermos interpretar sinais positivos, podemos perder grandes oportunidades! Ainda no caso Meirelles, se eu não tivesse observado que o Maurício realmente estava animado em falar sobre linguagem corporal e não tivesse tratado o assunto com o mesmo entusiasmo que ele, eu poderia ter respondido de forma meramente técnica (ou séria). Ele me acharia inteligente, mas muito arrogante, agradeceria pelas explicações e falaria "Tchau, cara, até mais!", e talvez a gente nunca mais se encontrasse.

Entender quando você está num feedback emocionalmente positivo ou negativo pode ser o diferencial para saber o momento certo de continuar ou parar uma tratativa ou uma proposta profissional. Pegue como exemplo a história de um dos humoristas mais famosos do Brasil, Fábio Porchat. Muito antes de ficar conhecido por suas atuações nas comédias do canal Porta dos Fundos ou por seus trabalhos cinematográficos, Fábio era alguém anônimo que estudava administração e que, em determinado dia do ano de 2002, foi participar da plateia do *Programa do Jô*.

Em um dado momento, durante o programa, Fábio se levantou da plateia e pediu ao Jô uma oportunidade para interpretar um texto de humor. Na época, após interpretar o texto e virar um sucesso, Fábio decidiu largar tudo e se dedicar aos estudos artísticos, que viriam a transformá-lo no artista bem-sucedido que é hoje. O ponto aqui é: Fábio apareceu com uma proposta (interpretar um texto de humor de cunho autoral) e, naquele momento, durante um programa bastante conceituado, com um apresentador sério e renomado, ele precisou entender qual seria o melhor momento para encaixar sua proposta, ou seja, quando Jô estaria feliz e propenso a ceder ao pedido, e ainda qual a melhor forma de fazer isso — brincando? Rindo? Abraçando o Jô? A boa observação dos sinais não verbais que uma pessoa emite pode lhe render respostas para as perguntas certas. Nesse caso em específico, assistindo ao momento, é possível ver como Porchat se comportou e entender seu êxito. Sua postura apresentava confiança, e ele exibiu tacêsica empática ao cumprimentar Jô. Sua comunicação foi objetiva, porém ainda assim ele foi capaz de manter expressões convidativas, como um sorriso genuíno. Você pode ver o vídeo e conferir por conta própria em <https://globoplay.globo.com/v/2184136/>.

Entenderemos agora alguns canais não verbais que podem expressar sinais empáticos confiáveis sobre a intenção emocional de uma pessoa, em contextos cotidianos, enquanto ela interage conosco. Lembrando que vamos falar de emoções, e não de "leitura de mentes". Cientificamente falando, podemos entender comportamentos emocionais e não saber exatamente o que alguém está pensando!

"A PALAVRA TEM PODER"

Certo dia, como de costume, eu estava na academia enrolando na esteira quando de repente avistei meu pai (sim, meu coroa treina comigo e levanta mais peso que eu). Ele estava conversando com uma professora do local sobre a execução de alguns exercícios.

Percebi que, enquanto ele falava, a moça ia reagindo e fazendo microexpressões de raiva.

Naquele momento, tentei imaginar o que meu pai poderia estar dizendo para irritar a mulher, já que ele estava visivelmente neutro ou positivo enquanto ela reagia de forma negativa. Decidi me aproximar dos dois só para ter certeza de que não havia nenhum mal-entendido entre eles.

Cheguei perto e esperei meu pai terminar de falar (para que ele pudesse me introduzir na conversa). Ele dizia:

— Então, *Francisca*, eu não sei se é com essa carga mesmo, porque já estou sentindo umas dores no ombro aqui, e eu acho que... — meu pai me viu — Opa, olha aí, *Francisca*, esse é o Vitor, meu filho, que eu comentei com você que tem canal no YouTube, sabe? Conhece a *Francisca*, filho?

Eu me virei para ela e sorri. Nós então nos cumprimentamos, e o diálogo foi assim:

— Olá, prazer, sou o Vitor!

— Olá, prazer, sou a *Patrícia*!

Após ouvir o nome dela e ver a expressão genuína de surpresa (em intensidade alta) no rosto do meu pai, consegui entender por que ela estava expressando raiva naquele momento.

As palavras que você utiliza quando interage com alguém (e vice-versa) podem moldar o rumo emocional de uma conversa, ou seja, podem colocar o interlocutor em uma intenção emocional negativa ou positiva em relação a você. Por isso, vamos falar brevemente sobre sinais verbais que podem ocorrer em uma interação profissional e como eles podem telegrafar indicadores positivos ou negativos, que você deve tomar cuidado para não emitir, mas que também deve ficar vigilante caso perceba que seu interlocutor está emitindo.

Observação: Francisca, que agora é Patrícia, não guarda mágoas e até sorri para o meu pai.

7. Nomes, apelidos e estilos verbais

O primeiro canal que vamos abordar é o canal verbal, que diz respeito a observações e significados contidos na mensagem verbalizada de uma pessoa, ou seja, as palavras que ela utiliza para se comunicar. É bom prestar atenção até mesmo para entender em qual nível hierárquico uma pessoa considera estar — há uma grande diferença entre alguém chamar um superior de "chefe" ou de "ele".

Começando pelo *nome*. Com certeza você já passou pelo que eu vou falar: em algum lugar específico repleto de gente (escola, trabalho, universidade, festa etc.), havia uma ou outra pessoa que se destacava (um professor, um chefe, um gerente ou um amigo veterano da universidade), e, no meio de todo esse pessoal, essa figura de destaque o reconheceu e se referiu a você pelo seu nome. Isso fez você se sentir especial? Alguém digno de ser lembrado? Importante? Fato é que nosso nome é um estímulo potencialmente positivo para nós, e, por ser algo familiar (o cérebro gosta de padrões, como já mencionei), facilita nossa identificação com a pessoa que o pronuncia. Em linguagem corporal, tratar as pessoas pelo nome é um sinal positivo e que costuma gerar maior aproximação emocional. O extremo oposto também já deve ter ocorrido com você: alguém que não o conhecia veio conversar com você ou com seus amigos e, do nada, mandou a pergunta "Qual seu nome mesmo?". Ou ainda esse alguém falou sobre você (na sua frente) para outra pessoa e o definiu de outra forma — "Então, esse cara aqui é o menino do YouTube de quem eu te falei".

Não chamar uma pessoa pelo nome ou usar outros termos para defini-la (em tom reducionista) são formas de transmitir sinais negativos e potencialmente antipáticos. Sempre que possível, evite fazer isso. Em contrapartida, se você observar alguém que chama outras pessoas pelo nome, mas que teima em não chamar você pelo seu nome (mesmo que vocês já se conheçam há algum tempo), é possível que essa pessoa sinta desinteresse a seu respeito ou que não o considere alguém próximo o suficiente para ser chamado pelo nome.

Há ainda a nossa resposta cerebral ao ouvirmos nosso próprio nome sendo mencionado. Segundo alguns neurocientistas,[1] quando somos chamados pelo nome, nosso cérebro responde com maior atenção, mesmo que não estejamos engajados ou tão interessados naquele momento. Essa pesquisa auxiliou professores em sala de aula a conquistar a atenção de seus alunos mais desatentos. Chamar alguém pelo nome em contextos de conquista ou relacionamentos sociais pode não ser apenas um ato de empatia, mas também uma ótima estratégia para conseguir a atenção de uma pessoa. Imagine quanta gente passa por essa pessoa sem nunca chamá-la pelo nome, e aí vem você e pergunta: "Fulano, tudo bem?". Em uma rápida comparação (outra atividade inerente ao cérebro), essa pessoa considerará, ao menos naquele momento, que você é especial em relação aos outros que cruzaram seu caminho.

Vale a pena ficar alerta quanto a tratativas mais formais, como chamar alguém de "senhor" ou "senhora" — algumas pessoas podem não gostar muito dessa forma de falar, enquanto outras podem julgar uma falta de respeito serem chamadas meramente de "você". Nesses casos, minha recomendação é: observe a linha de base da pessoa, entenda mais sobre ela e sobre a forma como ela se comunica (isso já pode ser um bom indicativo sobre a maneira como ela prefere ser chamada). Mas também leve em conta o contexto situacional. Por mais proximidade que vocês possam ter, a tratativa pode mudar em função do contexto. Não é incomum que pessoas muito próximas, sejam elas amigas ou companheiras, comecem a se chamar de modo mais formal em situações sérias, como negociações ou reuniões profissionais. Quem nunca disse "minha esposa" ou "meu marido" em situações mais sérias ao se referir àquela pessoa que você comumente chamaria de "amor", "bem" ou outro apelido mais íntimo? Ficaria muito estranho se, em uma reunião séria com a professora do seu filho, você dissesse: "Falei com o meu amorzinho para ele tomar conta do nosso pimpolho, por causa das notinhas dele".

Dica-bônus

Em contextos profissionais, tome cuidado com a forma como você define nominalmente o produto de seus sócios, colaboradores ou qualquer outra pessoa com quem tenha uma relação profissional — isso pode gerar a impressão de que você nem sequer pesquisou sobre o produto dessa pessoa ou de que você acha o produto desinteressante a ponto de nem saber o nome dele.

Por exemplo, falar durante uma conversa profissional "O menino do canal de YouTube lá, que fala de linguagem corporal" é diferente (e gera uma impressão diferente) de falar "O perito Vitor Santos, do canal Metaforando, o maior canal de linguagem corporal".

QUANDO NÃO SABEMOS O NOME DE UMA PESSOA

Pode acontecer de você não saber o nome de uma pessoa, e então o recomendado é que você pergunte para ela, porém sempre tomando o máximo de cuidado para não soar arrogante ou desinteressado. Uma forma de gerar um sinal positivo ao perguntar o nome de alguém é utilizar a palavra "desculpe" antes da pergunta: "Desculpe, mas qual o seu nome mesmo? Eu acabei prestando mais atenção na nossa conversa e me perdi nos nomes". Essa é uma forma educada de perguntar o nome de alguém, sem gerar uma ideia arrogante ou negativa.

Outra forma que gera um sinal positivo na hora de perguntar o nome de alguém é pedir para a própria pessoa anotar o número dela para você. Exemplo: você conheceu alguém interessante e quer salvar o número da pessoa para conversar mais tarde, porém não lembra o nome dela. Basta pedir algo como "Por favor, você pode salvar seu número no meu celular? Pode colocar como você preferir aí". Assim, a pessoa salva o número e coloca o nome junto, e então você já fica sabendo sem ter que perguntar mil vezes "Qual é o seu nome?".

APELIDOS

É comum que pessoas tenham apelidos (ainda mais em locais de trabalho), e chamar alguém pelo apelido é até mesmo uma forma de gerar simpatia. Porém, é necessário tomar cuidado para não entrar em territórios pessoais — a ideia é observar com que frequência, e por quem, essa pessoa é chamada pelo apelido (também é interessante ver como ela reage ao ser tratada dessa forma. Ela sorri? Fecha a cara?). Criar apelidos ou outras formas menos sérias de tratar determinado assunto ou pessoa pode ser um ponto positivo, especialmente caso sirva para suavizar a conversa, então vale a pena procurar apelidos ou alguma maneira criativa de falar sobre um assunto, mas sempre lembrando de observar o interlocutor e o *estilo verbal*, tema do nosso próximo tópico.

ESTILO VERBAL

Cada pessoa tem uma forma de se comunicar, podendo ser mais formal ou mais informal. É importante também prestar atenção nisso! Se você entra no tom "errado" (aquele que não é familiar para a pessoa), o interlocutor pode desaprovar sua comunicação e não simpatizar com você.

Observe atentamente seu interlocutor: como ele ou ela está falando? Com várias gírias? De forma mais culta e com palavras mais bem elaboradas? Aqui é uma brincadeira de "siga o mestre" — você observa o estilo verbal da pessoa e tenta copiá-lo parcialmente na sua vez de falar; caso contrário, você pode acabar gerando um enorme sinal negativo para as outras pessoas. Imagine se, em uma negociação sobre um projeto para uma empresa, você diz: "Nossa, parça, um cachêzim desses num dá não, aí cê me quebra!". O *cachêzim* que você estava para ganhar vai sumir na hora, *parça*.

NA PRÁTICA

Situações profissionais: Conversando com superiores. É válido entender que, em situações assim, você deve tomar cuidado com a forma de falar. A hierarquia pode influenciar muito na maneira como um superior percebe sua comunicação. Por mais que ele seja alguém mais "aberto", é melhor que você espere até que *ele* lhe dê permissão para tratá-lo de forma mais íntima ou menos formal.

Recomendações:

- Use inicialmente um estilo verbal mais formal com seu superior, referindo-se a ele como: senhor(a), chefe, patrão(oa), superior(a).

- De início, chame seu superior pelo nome e avalie a reação não verbal dele. Caso não demonstre nada de negativo, você pode, nessa mesma abordagem, chamá-lo de "você".

- Quando tiver mais proximidade com seu superior, procure não criar apelidos depreciativos. Por mais intimidade que você tenha com uma pessoa, começar a chamá-la por algo que remeta a uma ideia ruim pode acabar criando tensão negativa a longo prazo.

- *Não* chame seu superior por algum apelido (mesmo que outros funcionários o façam) durante suas primeiras abordagens ou no primeiro contato com ele — isso pode soar ofensivo quando feito por um novato na equipe.

- *Não* use uma linguagem informal com seus superiores durante suas primeiras abordagens, procure ser mais formal nos primeiros contatos.

- *Evite* fazer uso de toques ou proxêmica íntima durante seus primeiros contatos com superiores (ou quando estiver conversando com superiores mais reservados).

Situações pessoais: Conversando com seus familiares ou pessoas próximas em situações difíceis ou tensas. É bom lembrar que mesmo pessoas que você conhece muito bem podem apresentar grandes alterações de humor e comportamento em momentos mais sérios (ou tristes).

Recomendações:

- Observe se o tratamento daquela pessoa ficou menos informal, menos íntimo. Geralmente, um indicador de tensão ou desconforto é alguém que você conhece faz um bom tempo chamando-o pelo nome completo.

- Em momentos tensos, procure usar uma linguagem mais objetiva para não confundir a pessoa e causar ainda mais tensão no momento.

- *Evite* fazer piadas ou usar um tom jocoso em momentos tensos ou sérios, pois alguém pode se incomodar, gerando ainda mais tensão.

- Faça uso da tacêsica (toque) em regiões neutras, criando impressões sensoriais positivas e amenizando o estado emocional da outra pessoa.

Situações sociais: Conversando com pessoas novas ou fazendo amizades. Sempre é válido transmitir segurança e confiança ao se relacionar com novas pessoas, e é igualmente importante observar o estilo de comunicação de cada uma delas.

Recomendações:

- Use um tom moderadamente formal durante o primeiro contato com desconhecidos.

- Observe um pouco mais antes de sair falando com a pessoa. Isso pode fornecer pistas sobre a preferência verbal dela durante a comunicação.

- Espelhe o estilo verbal da pessoa. Se perceber que ela está usando determinadas gírias ou falando de certa forma, faça o mesmo vez ou outra em sua abordagem. Isso pode gerar identificação, o que facilita o processo de socialização.

- Espelhe também a postura e até mesmo alguns dos gestos ou poses da outra pessoa para gerar na mente dela um gatilho de familiaridade, o que facilita a criação de empatia — um ponto principal para fortalecer laços sociais.

8. Confronto verbal

Certa vez, eu estava em São Paulo e havia acabado de sair de uma gravação na avenida Paulista. Morrendo de fome, fui ao primeiro fast-food que encontrei. Era uma lanchonete famosa com várias lojas ao redor do mundo, conhecida por cobrar caro por um lanchinho pequeno que o deixa "feliz".

Como eu estava faminto, fui ao balcão e acabei pedindo a primeira coisa que me veio à cabeça: "Oi, moça, boa tarde. Eu quero dois lanches de cheddar e um milk-shake de morango".

A atendente estava digitando meu pedido quando outro rapaz, o gerente do local, aproximou-se por trás dela e, ouvindo meu pedido, perguntou: "O senhor não quer batata frita?".

Não me lembro qual foi o motivo, mas eu simplesmente falei que não desejava as batatas e voltei a olhar para a tela do celular que eu agora tinha em mãos. Comecei a responder algumas mensagens de trabalho, mas ouvi novamente a voz do rapaz: "Mas, senhor, hoje a promoção está... O senhor tem certeza de que não quer as batatas?".

Olhei para ele, sorri e disse que não queria, mas agradeci a dica. Foi quando percebi uma microexpressão de raiva no rosto do gerente. Em seguida, ele disparou outra vez: "E por que o senhor não quer? Eu já falei que está na promoção, e o senhor não quer?".

Eu o encarei, meio que sem entender nada, dei um sorrisinho constrangido e falei algo como: "Ah, sei lá, batata tem muito sal, enfim... Não quero, mas valeu, brother!".

Novamente, ele fez uma microexpressão de raiva (sim, o cara ficou pistola porque eu não quis comer batata. Se você não entendeu nada, saiba que eu até hoje também não entendi).

Ele então me explicou rapidamente o quanto eu "economizaria" pegando a batata na promoção, que era exclusiva daquela semana. Respondi que era uma boa promoção, mas que a promoção seria ainda melhor se eu não pegasse batata nenhuma (aqui eu fui irônico — mancada, eu sei).

Por fim, o gerente me encarou, sem risadinhas, e disse: "Então tá, da próxima vez você ouve o conselho de quem trabalha no local e sabe o que está falando, beleza?".

Eu simplesmente olhei para a cara dele (percebendo que o gerente não tinha levado meu comentário na brincadeira) e agradeci o conselho. Em seguida, avisei que gostaria de mudar meu pedido: "Ok, então eu quero uma porção de batatas com um Big Whopper".

O gerente informou que não havia aquele lanche no estabelecimento, e eu respondi que talvez tivesse entrado na lanchonete errada. Pedi desculpas e me retirei do local. O gerente me fuzilou com os olhos.

Resultado: o gerente perdeu um cliente, eu fiquei com ainda mais fome e talvez a única pessoa que saiu ganhando algo nessa história toda tenha sido você que está lendo — aprendeu na prática a ideia de *evitar confrontos verbais diretos* para obter desfechos positivos.

VOCÊ ESTÁ ERRADO, EU ESTOU CERTO!

O confronto verbal é justamente um choque verbal entre ideias, opiniões e argumentos.

Em determinadas situações, é extremamente necessário que você não altere seu discurso e que mantenha esse choque! Se você estiver lutando por melhores condições para você e sua equipe no trabalho ou em seu local de estudo, é necessário que se mantenha firme. Porém, se você estiver em um contexto profissional, geralmente, vai valer mais a pena "se conectar" com as pessoas.

E bater de frente não é uma boa forma de criar conexões empáticas. Se sempre que alguém falar "ido", você falar "ado", ou sempre que a pessoa falar "claro", você já responder "escuro", será muito difícil estabelecer uma verdadeira conexão empática entre vocês. E se essa pessoa for um cliente ou um parceiro de negócios, pode ser que o projeto profissional de vocês caminhe de forma negativa (assim como eu, após ser questionado pelo gerente da lanchonete, "caminhei" para fora de lá).

Claro que você não precisa mudar de opinião só para conversar com alguém, não é nada disso!

Mas seria interessante alterar a forma como você transmite suas ideias, visando gerar mais empatia. Por exemplo, eu acho muito mais provável que o Batman vença o Super-Homem em uma luta do que o contrário (e tenho inúmeros argumentos para isso, chefia). Se eu estiver falando com alguém que não concorda com essa ideia, mas, por alguma razão, eu quiser me conectar com essa pessoa (pensando aqui, nenhum amigo meu é *fanboy* do azulão), eu não baterei de frente caso a pessoa me diga "Eu acho que o Super-Homem sempre vence o Batman". Eu responderei: "Que interessante, você é a primeira pessoa que me fala algo assim! Legal! Por que você acha isso?". Aqui, eu já ativei um gatilho mental positivo ao dizer que ela é importante ("Você é a *primeira pessoa*").

Por mais que eu ainda discorde (e muito) dela, nós já estamos caminhando para uma conexão empática.

Às vezes, a outra pessoa com quem você conversa já se predispõe a comentar ou opinar de forma contrária ao que você está falando. Evitar um confronto verbal direto é justamente perceber essa opinião contrária e não bater de frente, mas sim direcionar as investidas para longe de você. É similar à defesa de "defletir" um ataque frontal em luta de espadas. Se você bater de frente e a espada do oponente for mais forte, sua lâmina pode quebrar e você pode se machucar, então a ideia é desviar o ataque: aparar o golpe com a espada, porém direcionando o movimento para a outra pessoa a fim de evitar o ataque. Henrik Fexeus define isso como o "Aikido da Opinião".

Caso observe que a pessoa já está se colocando de forma a confrontar você, tome cuidado! Ela pode estar em um comportamento emocional negativo e isso pode atrapalhar a interação de vocês.

Dica-bônus

Evite usar palavras como "você" ou "eu" na hora de *pontuar críticas* ou argumentos contrários durante uma conversa — isso gera uma ideia de superioridade ou até mesmo arrogância, soando mais ou menos assim: ou eu tenho razão ou você é quem está errado. Nesse caso, é preferível utilizar os famosos "afastamentos verbais". Em vez de falar "Você errou no seu procedimento", é possível dizer "Opa, creio que haja um erro aqui".

Em situações acadêmicas mais conflitantes, como em *discordância de opiniões*, em vez de especificar durante uma correção de prova, debate de tarefa ou exercício que a outra parte errou, algo como "Professor, acho que você está errado" ou "Eu acho que o que eu escrevi está correto", você pode optar por algo como "Professor, creio que haja algo confuso neste trecho, podemos checar mais uma vez?" ou até mesmo "Professor, esta perspectiva apresentada na minha prova faz sentido, não faz? Parece estar de acordo com o que foi apresentado nas aulas e na literatura acadêmica".

Uma resposta que antes poderia criar tensão entre você e alguém que será responsável pelas suas notas e com quem você conviverá pelos próximos anos é rapidamente neutralizada. Isso também vale para quando estiver fazendo novas amizades ou se relacionando com outras pessoas. Imagine uma conversa informal em que você e um grupo de colegas estão debatendo um tema político. Você não concorda com um argumento e dispara algo como: "Não, você está errado, presta atenção no que eu estou falando!". Você automaticamente criou tensão com a outra pessoa, e é provável que ela não ouça mais nada (de forma racional) do que você apresentar. Seria preferível (mesmo que você tenha certeza de que sua argumentação está correta) que você utilizasse frases como "Calma, acho que não é bem por aí", "Não sei se a situação é bem assim" ou "Me parece que a situação seja um pouco diferente". Mais uma vez, você ganha a chance de ter boas relações com a pessoa mesmo que vocês não concordem em tudo. Vocês não precisam passar os próximos anos letivos em atrito ou se estressando diariamente na sala de aula (já basta o estresse das provas e tarefas).

Evitar afirmar coisas de forma direta a alguém, como "Você está totalmente errado", "Você fez um péssimo trabalho" ou "Você está sendo burro", e utilizar termos mais neutros, como "Eu acho", "Pode ser que" ou "Talvez não seja", contribui para lhe trazer mais empatia e facilidade em ampliar sua rede de contatos (sem falar que um pouco de gentileza sempre ajuda).

Essa troca sutil de palavras faz toda a diferença na forma como a pessoa percebe você. Afinal, quem não teve um professor, um supervisor ou um amigo que, por mais que nos corrigisse, ainda era alguém legal e estimado por nós?

NA PRÁTICA

Situações profissionais: Lidando com clientes ou potenciais parceiros. Devemos lembrar de apresentar nossas ideias sem bater de frente com a opinião contrária, evitando gerar desconforto e facilitando nossa persuasão para com a outra parte.

Seu cliente, irritado por uma mera "disputa de ego", não só não fechará negócios comerciais, como pode acabar "te queimando" para outros possíveis parceiros.

Recomendações:

- Quando um cliente ou parceiro se manifestar verbalmente de forma contrária, tente não discordar de maneira direta. Não bata de frente.

- Ao discordar, procure fazer primeiro algum comentário positivo sobre a opinião contrária apresentada, a fim de evitar confrontos verbais. Use frases como "Que interessante", "É curioso mesmo", "Realmente faz bastante sentido", "Seu ponto faz total sentido", "Sim, você está correto em pensar dessa maneira" ou "Legal essa sua visão".

- *Estratégia:* Apresente três ideias para o cliente, sendo a primeira ideia algo negativo, a segunda algo mais ou menos positivo (geralmente a ideia do cliente ou algo em que que ele acredita) e a terceira (geralmente a sua ideia) algo superpositivo (quando comparada com as outras duas ideias). Essa estratégia verbal visa persuadir o cliente a perceber sua ideia como "a mais válida" dentre todas. Exemplo: uma pessoa quer fazer meu curso, mas acredita que a matrícula está muito cara. Eis minha fala:

  - "Tudo bem, amigo(a), vamos ver, você pode não fazer meu curso e ficar sem o aprendizado didático e credibilizado que ofereço. Pode estudar por conta própria (*ideia da pessoa*) e gastar muito tempo e dinheiro para aprender algo sem vivência prática, *ou então* (*aqui entra a minha ideia*) você pode assinar meu curso agora e aprender de forma rápida e dinâmica a teoria e aplicação das ferramentas X, Y e Z, tendo ainda acesso a mentorias gratuitas com um professor que é perito facial certificado e ativo na área."

  - *Perceba:* Minha versão é apenas *uma* versão dentre as várias possíveis. Mas, quando eu a comparo com duas ideias inferiores, a sensação é de que a minha ideia é a *única* válida. Contrariando a ideia inicial da pessoa, consigo persuadi-la e não gero tensão negativa entre nós.

Situações pessoais: Discussões com pessoas próximas, geralmente envolvendo relacionamentos amorosos ou até discussões com familiares. A mesma cartilha das situações profissionais pode ser aplicada em relações pessoais. Evite bater de frente, ainda mais se levarmos em conta que, quanto mais íntima for a pessoa, menos "papas na língua" ela terá. Portanto, visando alinhar as ideias em discussões pessoais, é recomendável diminuir o efeito "você está errado e eu estou certo".

Recomendações:

- Evite atribuir culpa de forma direta, como falar "Você está errado(a)", "É tudo culpa sua", "É só porque você..." ou "Não, foi você que...". Essas e outras frases, além de não ajudarem na discussão, aumentam a tensão entre você e a outra pessoa.

- Ao discordar de alguém próximo, procure usar um estilo menos pessoal em suas justificativas, como "Creio que nosso problema seja...", "Acho que estamos tendo dificuldade porque..." ou "Seria interessante que resolvêssemos isso". Esse tipo de frase pode amenizar situações tensas.

- Pergunte mais. Quando ficamos concentrados apenas em fazer afirmações, podemos reforçar nossos vieses, fazer julgamentos errados e criar mais tensão com a outra pessoa. Deixe que ela fale, *faça mais perguntas abertas e escute o lado dela.*

Situações sociais: Interagindo e se enturmando em grupos ou equipes, como grupos de colégio e faculdade ou turmas de colegas que socializam em festas. Quando queremos socializar com um grupo novo, é interessante gerar experiências positivas com um ou mais membros desse grupo para que, de forma natural, todos acabem se conectando a você. Estimule mais conversação, faça mais perguntas e caia fora de discordâncias ou confrontos verbais (se o seu objetivo for mesmo se conectar ao grupo).

Recomendações:

- Muitos confrontos verbais aparecem quando adentramos um círculo novo de indivíduos. Procure observar as opiniões dessas pessoas (não precisa concordar com elas) e tente estimular a conversação em direção a essas opiniões que já são "familiares" em vez de ficar apenas expondo sua opinião ou confrontando todo mundo. Estimular as pessoas a falar pode fazer com que elas se sintam no controle da situação, e, por consequência, elas podem associar o sentimento à sua figura.

- Faça perguntas como "Por que você gosta disso?", "Todos vocês já foram nesse lugar? Como foi?" ou "Como vocês fazem isso?". E, para aumentar ainda mais o potencial de conectividade, ao ouvir uma resposta (mesmo que não concorde), procure emitir retornos positivos. Um simples "que legal" já é válido.

- *Em caso de confronto*, siga os passos já mencionados: não bata de frente, seja suave. Quando for justificar sua opinião, *faça referência a outras pessoas do grupo*, dizendo coisas como "Eu penso assim, é até igual ao que Fulano disse, acho que as pessoas podem ter direito a [...]. É como o Sicrano, que trabalha com isso, mas gosta disso [...]. Por isso eu penso assim, mas é só a minha forma de entender a situação". Referenciar indivíduos em um diálogo pode credibilizar sua argumentação e, ao mesmo tempo, estimular que outras pessoas o defendam, o que diminui as chances de que o grupo todo assuma uma posição negativa com relação a você.

9. Poucas palavras

Se você tem familiaridade com a cultura dos memes, talvez se lembre da situação que vou contar agora. Em meados de 2012, uma matéria da Fundação TV Beltrão (do Paraná) era gravada durante a Expobel, uma das principais feiras agropecuárias do estado. A matéria consistia no registro de jovens realizando atividades associadas à produção agropecuária. Joice Dzindzy, uma estudante do ensino médio, ordenhava uma vaca. Foi quando a repórter do programa se aproximou dela e perguntou: "Como foi a experiência (de ordenhar a vaca)?". A jovem, em resposta, encarou a repórter e, com um sotaque bem carregado do sul do Paraná, disparou: "Legal... Bem louco" e permaneceu em silêncio, encarando a repórter, que também ficou em silêncio, encarando de volta.

Por mais engraçado que possa ser, ao responder de forma curta e grossa ou sequer demonstrar interesse no tema e perguntar algo de volta, Joice cortou o desenvolvimento da conversa entre ela e a repórter. Em outras palavras, ela "matou" o papo.

Claro que o que aconteceu foi apenas a espontaneidade de uma jovem, que, ao ser questionada, e provavelmente envergonhada ou sem saber o que dizer, reagiu daquela maneira. Porém, imagine se, em vez de uma matéria na televisão, aquilo fosse uma interação entre uma candidata e uma funcionária de RH durante uma entrevista de emprego. Cortar o assunto respondendo em monossílabos é uma forma de gerar desinteresse no interlocutor, ou, caso você esteja no papel de interlocutor (e a pessoa com quem você esteja conversando seja um *crush*), responder de forma curta e grossa ou sem dar prosseguimento ao assunto é um ponto negativo que pode ser associado a desinteresse ou hesitação em continuar a conversa naquele momento.

Em situações profissionais, você pode alterar a pauta da conversa caso a outra pessoa comece a responder de forma seca (talvez ela não tenha interesse no assunto ou não queira falar sobre aquilo naquele momento). Caso perceba que, desde o início da interação, a pessoa já está respondendo monossilabicamente, tente usar a criatividade para gerar mais respostas durante a conversa, pois pode ser que a pessoa esteja em uma precondição defensiva. Em essência, tenha em mente que, durante conversas profissionais, devemos estimular o espelhamento. Ou seja, se um cliente com quem estamos conversando fala bastante sobre um filme a que ele assistiu, descrevendo cenas e mais cenas e elementos dos quais gostou, quando a palavra for passada para nós devemos comentar algo interessante e tecer novos comentários sobre o filme ou sobre algum assunto associado à história. Assim, ambos ficam "espelhados" na conversa.

Há uma grande validade em fazer uso do silêncio como resposta, sobretudo durante negociações mais difíceis. Porém, em um primeiro momento, ao abordar alguém profissionalmente é recomendável que você não comece respondendo à pessoa com silêncio. Não dizer absolutamente nada em uma interação é ainda pior do que responder de forma ríspida, pois pode indicar desinteresse, seja no assunto ou na pessoa com quem se conversa.

Ainda há casos em que a pessoa deliberadamente escolhe ignorar por não simpatizar com o outro, optando por deixá-lo falando com as paredes. Isso pode ser visto como uma forma de comunicar antipatia ou uma opinião negativa sobre o interlocutor.

FAZER PERGUNTAS ABERTAS

Uma boa maneira de lidar com esse problema é alterar a forma como você pergunta as coisas. Em vez fazer perguntas que possam ser respondidas apenas com "sim" ou "não", como "Você vem sempre aqui?", procure fazer perguntas abertas ou que obriguem a pessoa a responder algo mais do que apenas "sim" ou "não", como "Por que sua tatuagem é uma cruz?", "O que você está achando do curso?" ou "Qual curso você faz mesmo?". Perguntas assim são ideais para manter a outra pessoa falando, e quanto mais informações ela fornecer, mais fácil é fortalecer (ou criar) laços sociais com ela.

Mike Schultz, o atual presidente da premiada empresa de consultoria e treinamento em vendas RAIN Group (tendo aplicado seu método em mais de setenta e cinco países), reforça a ideia de que precisamos buscar conexões empáticas quando estamos tratando verbalmente com clientes, funcionários ou outras pessoas em ambientes profissionais. Ele elenca que o principal ponto para estabelecer o *rapport* é se concentrar em perguntas abertas, porém "esticar ainda mais" a resposta obtida.[1] Ou seja, sempre que você perguntar algo tente se aprofundar ainda mais na resposta de seu interlocutor com novas perguntas abertas. Por exemplo: você pergunta "Como é esse curso que você ministra? Ele abrange quais áreas?", ao que seu cliente ou interlocutor de negociação explica, finalizando a resposta com " ... e é por isso que eu prefiro dar aulas para professores em vez de vendedores". O correto então, nesse momento, seria você se aprofundar ainda mais, pegando o gancho dado por seu interlocutor ("prefiro professores") e perguntando algo como "Sério? Por que professores? Eles aprendem mais rápido do que vendedores? Vendedores falam demais e isso atrapalha?". Isso vai ampliar ainda mais a resposta do interlocutor. A ideia aqui é que, quanto mais você fala, mais o interlocutor entende que você está interessado na conversa, e assim o *rapport* é construído de forma natural — vocês vão falar tanto e sobre "tantos assuntos" que, ao entrarem na pauta comercial, ela será apenas mais um dos temas conversados "entre amigos", e o cliente responderá com o mesmo interesse e atenção que você demonstrou nos assuntos anteriores.

Mike sugere algumas perguntas básicas caso você não saiba por onde começar, explicando que o principal durante primeiros contatos é mostrar credibilidade, confiança e atenção ao mundo do seu interlocutor. Algumas das (vinte e uma) perguntas que ele descreve são:

- E como andam as coisas no trabalho? O que aconteceu de novidade? O que mudou?

- Está pensando em fazer o que no próximo fim de semana? Vai fazer o que hoje?

- Gostei muito da sua postura profissional e do seu trabalho/serviço/produto/empresa. Como tudo começou? Como você se interessou por isso? Qual a história por trás disso?

- Percebi que você é muito atento ao que faz e também com a sua equipe de trabalho. O que você acha mais importante na sua carreira profissional hoje? O que você considera mais importante no seu trabalho?

FLUXO DA CONVERSA

O fluxo da conversa nada mais é que o tempo de interação nas abordagens, ou seja, quanto tempo leva entre uma pessoa falar e a outra reagir ao que foi dito. Quanto mais sincronizado e contínuo for esse tempo de resposta, mais empatia é gerada entre as pessoas.

Boas interações verbais, de modo geral, são aquelas que mantêm um fluxo de conversação com um ritmo bem marcado — as duas pessoas conversam e ouvem, não há apenas uma falando ou apenas outra ouvindo, mas sim uma troca em que uma fala e a outra escuta, em alternância e na mesma proporção. É algo em que você deve prestar atenção, evitando deixar sua interação entediante demais (só você fala) ou desinteressante (só você escuta).

SÍNDROME DE GALVÃO BUENO

Se por um lado conseguimos entender que atitudes como ficar em silêncio ou responder monossilabicamente podem ser sinais negativos ou de desinteresse (sobretudo num contexto profissional), o contrário também não é um sinal positivo: falar demais, cortar ou interromper a fala de alguém pode ser visto, além de falta de educação, como um jeito de menosprezar aquela pessoa. A fala pode ser vista como um sinal de superioridade ou inferioridade — quem fala alto e firme enquanto todos os outros se calam é percebido, geralmente, como um líder, alguém confiante e enérgico. Em contrapartida, aquela pessoa que fala muito baixo ou que quase nunca fala é vista por muitos como incapaz, insegura ou alguém com "medo de falar em público". Resumindo, algo negativo.

Porém, cortar a vez de falar de alguém não é recomendado quando se deseja gerar empatia. Vide o apresentador, locutor esportivo e comentarista Galvão Bueno, que na maioria de seus programas interrompe os convidados e colegas de trabalho, chegando até mesmo a arranjar brigas e a ser homenageado com a famosa frase "Cala a boca, Galvão!".

Portanto, quando alguém corta a fala de outra pessoa, isso pode ser interpretado como uma tentativa de imposição de superioridade, como se quem interrompeu fosse mais "importante" e tivesse mais direito de falar do que quem já estava verbalizando. Por isso, evite esse comportamento e mantenha-se vigilante caso perceba que alguém corta constantemente a sua fala: essa pessoa pode estar querendo se mostrar dominante ou superior a você naquele momento. Ou seja, algo que pode sinalizar uma opinião contrária ou de oposição.

CONTE UMA HISTÓRIA

Uma boa forma de conseguir criar espaço de fala em situações em que a outra pessoa está monopolizando a conversa (mas sem bater de frente ou mandá-la calar a boca) é apelar para a emoção majoritária que essa pessoa, em teoria, está tentando expressar naquele momento: desprezo e sensação de superioridade. Em teoria, quem está monopolizando a conversa, especialmente durante um momento de argumentação em prol da solução (ou conclusão) de algum tema, pode estar tentando se colocar como "a pessoa certa" do debate, ou seja, está tentando elevar sua posição a um patamar superior ao dos outros. Uma boa forma de desarmar esse tipo de comportamento é justamente tocar nessa emoção e deixar a pessoa se sentir superior ou importante — mas só depois de ela ficar quieta.

Fazer isso é simples. É, literalmente, a coisa que as professoras do ensino fundamental fazem com aquele aluno que não fecha a matraca durante a aula: você dá mais de uma tarefa cognitiva para a pessoa prestar atenção e raciocinar. A ideia é que ela conte a sua opinião (já que é "superinteligente e genial"), porém ela vai precisar prestar atenção em todos os detalhes que serão dados enquanto você conta determinada história ou apresenta um tema específico. Como a pessoa já se sente em uma posição superior, vai aceitar a ideia de ser "a opinião importante a dar a conclusão" e com certeza ouvirá o que você tem a dizer. Esta é uma forma de falar sem ser interrompido e sem criar atrito enquanto estimula mais conversação com outra pessoa.

É importante lembrar que o *storytelling* não é uma simples história: a narrativa deve ter algo de complexo (para estimular o raciocínio do nosso amigo sabe-tudo) e ter algum apelo emocional (uma espécie de "moral da história"), para que possa haver uma conexão empática e não apenas uma competição de "quem sabe mais" entre você e essa pessoa que leu até o *Aurélio* de trás para a frente.

Você pode dizer, por exemplo: "Fulano, você que entende bastante dessa área, pode me ajudar, por favor? Então, é que tem um cara no meu trabalho... E ele sempre fez isso... Aí um dia eu fiz uma coisa... Aí ele fez isso... Que resultou nisso... Aí eu fiz mais isso... E ele virou e disse... Agora nós estamos assim. O que você acha que podemos fazer para resolver essa situação?". Isso resultará em uma conversação positiva, pois a pessoa terá de entender sua história e interpretar o seu lado da situação. Ou seja, ela precisará de empatia para resolver o problema que você a "desafiou" a resolver.

QUANDO UTILIZAR O SILÊNCIO?

Em alguns casos, quando alguém realmente não abre espaço para outras pessoas emitirem suas opiniões e comentários, pode ser válido usar a estratégia *"Enjoy the Silence"* [aproveite o silêncio]. A ideia aqui é "recompensar negativamente" um comportamento para que a pessoa altere a forma como se comunica até atingir um padrão ideal para vocês.

É como uma modelagem de comportamento básica: a pessoa precisa entender que, sempre que fala mais que os outros, corta ou interrompe as pessoas, a recompensa será o silêncio (ou então ser ignorada). Porém, quando ela ouve os outros ou faz novas perguntas, ela será recompensada com mais conversa e até mesmo elogios ao seu conhecimento.

ELOGIOS E CRÍTICAS

Um dos reforços de comportamento mais elementares é o elogio. Segundo pesquisas,[2] ser elogiado aumenta as chances de um ser humano repetir determinado comportamento ou atuar melhor em uma dada situação. É por isso que, quando passamos de ano no colégio, por exemplo, temos uma espécie de cerimônia (ainda que informal) com os amigos ou com os pais e professores, para que aquele momento positivo nos estimule a repetir o comportamento no próximo ano. Boa parte dessa motivação que sentimos em fazer algo após sermos elogiados acontece por causa da dopamina (hormônio associado à felicidade e ao alívio) liberada em nossa corrente sanguínea durante momentos em que ouvimos elogios sinceros.

Falando em trabalho em equipe, o elogio tende a melhorar muito o desempenho das pessoas, pois, quando se sentem seguras e confortáveis no ambiente em que estão (seja uma equipe de funcionários ou de colegas de curso), elas se tornam mais engajadas e, consequentemente, assumem uma postura mais ativa para ajudar a equipe. Em termos de lucro, manter o engajamento de uma equipe pode ser uma ótima ideia: uma pesquisa feita recentemente pela Harvard Business Review na rede norte-americana Best Buy mostra que 0,1% de engajamento extra nos funcionários representa cerca de cem mil dólares a mais de faturamento anual. O mais importante é entender que, conforme alguns pesquisadores (como o psicólogo Wayne Nemeroff) atestam, o ato de elogiar, quando feito de forma sincera e específica, é um gesto positivo e sinaliza empatia e cooperação. É recomendado que você elogie em seu ambiente profissional. Faça um teste: observe algo positivo em alguém da sua equipe e teça um elogio. A pessoa, além de ficar motivada, provavelmente vai conversar ainda mais com você sobre esse ponto que foi destacado acerca de sua competência.

Vale a pena prestar atenção nas palavras que você utiliza, pois, se o elogio não for direcionado a algo específico, ele não só pode ser visto de forma superficial como também pode ser encarado como um modo de menosprezar o outro. Segundo alguns especialistas em gestão de pessoas, como Ross McCammon,[3] dizer para um funcionário algo como "Bom trabalho" ou "Só arruma aqui, o resto já tá ótimo" pode passar a ideia de que você o está inferiorizando, como se dissesse que o trabalho dele não merece distinção — "o resto" pode soar muito negativo para alguém. Portanto, lembre-se de fazer elogios com base em algum ponto realmente positivo e único da pessoa.

Ao mesmo tempo, vale a pena prestar atenção no feedback dos outros em relação a você, seus projetos e ideias. Se a pessoa comentar algo positivo ou elogiar seu empenho, seu trabalho ou suas habilidades, ela pode estar demonstrando uma boa disposição a seu respeito.

Além dos elogios, vale ressaltar que outros comportamentos "recompensadores" podem sinalizar uma predisposição positiva. Pedir para que você fale novamente sobre seus projetos, sorrir de forma sincera e espelhar o que você diz ou faz são alguns tipos de comportamentos positivos que podem ocorrer de forma reativa durante interações sociais.

Por exemplo, quando eu ainda estava bem no começo com minha esposa, Letícia, aconteceu um tipo de resposta positiva da parte dela que me estimulou a seguir em frente com o relacionamento. Ainda estávamos naquela fase em que você mal conhece a pessoa, pisa em ovos a respeito do que vai falar e de como vai falar... enfim, aquele momento em que você não tem muita intimidade e onde alguns relacionamentos terminam ou nem mesmo chegam a começar. Eu já entendia que ela era muito organizada com seus pertences, e, apesar de ser estudante do ensino médio, já cuidava da manutenção da casa e ajudava os pais, guardando o pouco de dinheiro que recebia como mesada. Mas também já havia observado que ela era muito reservada e muito tímida, alguém que não se expressava tanto com palavras. Isso me gerava a dúvida: como saber se ela gosta de mim? Será que devemos avançar e namorar? Um dia, saímos para tomar um sorvete e meu celular acabou caindo no chão. Eu (diferente dela) não utilizava capinhas de proteção, o que resultou na parte de trás do meu aparelho totalmente arrebentada, a tela trincada. Ela disse que queria me comprar uma capinha, eu disse que não precisava, e ficou por isso mesmo. Naquela mesma semana, acabamos indo a um show de rock em um pub. Em determinado momento, Letícia pegou meu celular e colocou uma capinha nele. Ela me disse que gostaria de ter comprado uma capinha nova, mas, como estava só com o dinheiro para o show, ia me dar a capinha antiga dela para que o meu celular não quebrasse mais.

Aquela atitude de oferecer o pouco que ela tinha (uma capinha usada) foi um sinal positivo e que me estimulou muito a seguir em frente. Ali eu entendi que o feedback dela com relação à forma como eu a tratava era bom. Não estou dizendo para você sair dando suas coisas usadas ou confiar apenas em quem lhe dá presentes, é só um exemplo de como uma reação positiva nem sempre será verbalizada como um elogio. Por isso, preste atenção!

Elogio sincero

É importante saber diferenciar um elogio sincero de um elogio falso. Uma pessoa que queira elogiar você sem de fato nutrir sensações positivas pode ser alguém que está tentando de alguma forma manipular sua opinião sobre ela, por isso fique alerta! Além de observar todos os outros indicadores não verbais (gestos, expressões faciais, tom e volume vocal etc.), é importante entender que um elogio verdadeiro geralmente ocorre de forma específica. Alguém elogia algo deixando claro o que está sendo elogiado. Dizer que estava tudo muito bom é diferente de detalhar que tudo estava muito bom, mas que "a sobremesa foi espetacular" ou que "o gosto do morango com o chocolate deu o toque final no jantar". O elogio será antecedido por expressões faciais genuínas de felicidade, como um sorriso simétrico e o aparecimento dos famosos pés de galinha ao redor dos olhos, devido ao fato de a resposta verbal ser processada somente depois do processamento emocional e facial.

Tenha em mente que, quando as pessoas querem elogiar de forma falsa, uma tendência é partirem para os afastamentos verbais, afirmando coisas genéricas ou em nível exagerado: "Tudo muito bom", "Tudo perfeito", "Fantástico como sempre". Um elogio falso poderia ser como aquela música "Linda, tão linda!" do Fiuk. O refrão é um elogio que, em teoria, ele estaria fazendo para uma garota: "Linda, tão linda! Pra mim./ Linda, tão linda! Pra mim". Apesar de parecer fofinho, essa é a coisa mais genérica que se pode dizer para alguém. Imagine que você quer se declarar, dizer para aquela pessoa especial o porquê de considerá-la importante. Pense na quantidade de coisas que passaram juntos, as situações difíceis, engraçadas e tristes que vocês superaram para chegar nesse momento. Aí você vira para ela e manda um "Ah, você é linda, né?".

Falar pouco durante um elogio ou dizer algo que qualquer um poderia ter falado mesmo sem prestar muita atenção na situação (ou na pessoa) não será visto como positivo na maioria das vezes. Quando for elogiar algo ou alguém, tente observar com clareza e dizer o que de fato você gosta naquela ideia, projeto ou pessoa. Mesmo que não seja fofo como dizer "linda", será algo muito mais verdadeiro e digno de despertar emoção na outra pessoa do que uma palavra genérica.

Apontar falhas

O oposto do elogio, a crítica, nem sempre é algo negativo. Alguém que critica você de forma positiva ou dá um feedback para que melhore é alguém que se preocupa com você. Por anos, eu tive um *sensei* de caratê que nunca nos elogiava. Pelo contrário, ele só corrigia: postura, base, altura do soco, altura do chute, movimentação dos pés etc. Sempre achei que ele não gostava muito da gente.

Quando participei de meu primeiro campeonato de caratê, na copa TVE de Jundiaí, lembro de vê-lo totalmente diferente. Sorria para nós, comemorava cada movimento que fazíamos quando estávamos lutando, batia palmas: era como se ele fosse um paizão. Quando eu e mais três atletas, todos estreantes, ganhamos a medalha de bronze, ele vibrou de alegria. Tirou fotos e mandou publicar no jornal da nossa cidade, Rio Claro, em São Paulo. Hoje, entendo que ele nos corrigia para que melhorássemos nossa prática, o que, algum tempo depois, resultou em uma medalha de bronze. Como nunca havia participado de campeonato algum, eu me senti muito feliz.

Críticas positivas costumam aparecer intercaladas com momentos em que a pessoa expressa felicidade genuína por interagir com você, seja na face, no tom vocal ou no uso das palavras. Geralmente, vêm de pessoas que têm um histórico comprovadamente embasado na área, alguém que já construiu algo no caminho que você está trilhando, como um professor, um mestre ou um colega de trabalho.

Porém, existe o oposto: a *crítica negativa*, ou seja, apenas "criticar por criticar" (ou com o intuito de incomodar, magoar ou causar chateação a outra pessoa). É o que fazem os infames *haters*.

Críticas negativas costumam ocorrer com frequência e de forma seletiva. Os alvos são pessoas com baixa autoestima ou muito inseguras, em fases iniciais de desenvolvimento pessoal ou profissional, ou que se apresentem de forma submissa (introvertidas, tímidas). Aquele sujeito que sempre comenta algo negativo, especialmente quando você apresenta suas ideias, ou que não reforça nada de positivo que você faz com um elogio pode ser alguém com intenções emocionais negativas, portanto tome cuidado!

Atenção: algumas vezes, podemos acabar fazendo críticas duras, e, para amenizar, tentamos fazer uma espécie de elogio logo em seguida. Ou ainda o contrário: elogiamos alguém somente para fazer uma crítica logo depois. Acontece que, de acordo com McCammon, isso pode acabar confundindo a cabeça das pessoas. Procure não misturar críticas com elogios em um mesmo momento. Se for criticar, procure não agir de forma grosseira, e deixe bem claro o objetivo da sua crítica. Ao elogiar, se concentre apenas nos pontos positivos, em vez de fazer um "sanduíche" de críticas e elogios.

NA PRÁTICA

Situações profissionais: Criando um ambiente positivo com seus colegas de trabalho ou trabalhando melhor em equipe. Quando estamos em uma equipe, é bom ter em mente que cooperação é melhor do que singularidade: não adianta você ser o melhor em um time perdedor. Portanto, prefira estratégias não verbais que promovam uma conexão empática e tente intervir caso perceba uma desconexão entre outros membros do time. Afinal, se eles não se entenderem, também podem prejudicar você.

Recomendações:
- Além de fazer perguntas abertas, mantenha uma postura confiante (queixo elevado) e procure também expressar sorrisos genuínos ao fazer perguntas ou tentar obter informações de um ou outro membro da equipe. Você soará como alguém menos arrogante, uma pessoa confiante e séria (vide o exemplo na imagem abaixo).

- Não faça afirmações sobre você ou outros colegas do tipo "Eu acho que você errou nisso...". Lembre-se: use uma linguagem mais suave, como "Acho que podemos melhorar em alguns pontos aqui".

- *Avalie possíveis tensões entre membros da sua equipe*: Observe atentamente como seus colegas se relacionam, as palavras e as respostas faciais entre eles. Caso observe que determinada pessoa conversa pouco com outra ou que sempre costuma fazer críticas negativas, redobre a atenção! Se, além disso, a pessoa ainda expressa microexpressões de desprezo de forma frequente, pode ser que ela esteja criando uma tensão com outro colega de trabalho ou até mesmo menosprezando o companheiro de equipe. Vale a pena tentar entender a situação para ajudar ambos (vide exemplos).

Na **foto 1**, temos um rapaz sozinho, com a postura estufada, o dedo em riste (um gesto de superioridade) e a expressão de desprezo devido ao canto dos lábios contraído. Pode muito bem ser alguém se expressando de forma arrogante.

Na **foto 2**, supondo que são dois funcionários de uma mesma empresa, temos uma situação notoriamente desconfortável. A mulher está tentando se afastar do homem: vemos o gesto de "pare" feito por ela, junto com a expressão de raiva em sua face. No homem, vemos o dedo em riste e uma expressão de raiva. Já entendemos que aqui se apresenta uma tensão negativa entre os dois funcionários.

Obs.: O dedo em riste é uma variação dos famosos "gestos de cima para baixo" (associados a superioridade, pois são gestos que "vêm de cima"), mas ele pode aparecer com a mão aberta, fechada ou segurando algum objeto. A ideia do gesto é a mesma — parecer maior ou superior.

Situações pessoais: Fortalecendo laços afetivos entre pessoas mais próximas. Algumas vezes sentimos a necessidade de nos aproximar mais das pessoas, seja por falta de experiências afetivas mais calorosas, por sentir que estamos nos afastando ou apenas por querermos entender melhor o lado delas. Com esse objetivo, é interessante abordar estratégias verbais mais abertas, como fazer perguntas, ouvir mais e estimular a conversação com feedbacks verbais positivos.

Recomendações:

- Faça perguntas abertas! Por mais óbvio ou repetitivo que isso possa parecer, muitas vezes nos esquecemos da parte de *ouvir* e saímos falando de forma desenfreada durante uma interação, colocando nossos vieses em jogo. E aí pronto: perdemos a chance de nos aproximar ou de entender o lado da outra pessoa. Faça perguntas abertas, e, *se quiser*, alterne com perguntas fechadas quando desejar compreender de forma detalhada alguma resposta da pessoa. Por exemplo:

    — De qual gênero de filme você gosta mais? (aberta)

    — Ah, eu gosto bastante de terror, mas com um pouco de suspense.

    — Então você é fã de *O Iluminado*? (fechada)

    — Isso! Nossa, que filme. Eu adoro aquela cena em que...

- Faça elogios sinceros. Não apenas ouça ou concorde com a cabeça: se você notar que a pessoa falou bastante sobre algo, de forma enérgica ou entusiasmada, ofereça uma resposta positiva para ela, fazendo elogios sinceros com base no que foi dito.

- Observe a reação facial da pessoa enquanto vocês conversam e explore esse recurso. Preste atenção para entender quais emoções ela demonstra durante a conversa. Caso observe uma microexpressão facial aparecendo várias vezes, isso pode significar que aquela emoção tem uma intensidade alta para a pessoa com relação ao assunto que ela está abordando. Observe essas características e tente explorá-las (sem parecer algo invasivo) durante a conversa. Se você conversar de forma tranquila, mostrando que está entendendo os sentimentos dela sobre o tema conversado, a pessoa não só ficará mais feliz como também sentirá mais empatia pela relação entre vocês.

Situações sociais: Abordando pessoas em contextos de paquera. É importante ter um objetivo em mente: criar conexões empáticas. A ideia em situações de paquera é similar a quando queremos fazer novas amizades: prestar atenção aos sinais da outra pessoa e emitir sinais positivos com nossa linguagem corporal. Porém, em termos de sedução, ainda temos uma terceira dica: *ganhar proximidade afetiva*, ou seja, buscar se conectar em nível emocional.

Recomendações:

- Ganhar proxêmica. Ao longo da conversa, tentar se aproximar da outra pessoa (observando as reações dela no decorrer desse processo) pode ser uma ideia interessante para se conectar emocionalmente. Quanto mais próximos estamos de alguém, mais interesse nesse alguém é demonstrado ou reforçado. Procure começar de leve — aproxime-se, depois se afaste, pegue uma bebida e então volte, dessa vez sentando mais perto da pessoa até que, aos poucos, você perceba que é ela quem está se aproximando. Nesse ponto, vocês provavelmente já terão estabelecido uma boa conexão em nível emocional.

- Uso correto da tacêsica. Segundo o renomado mentalista Henrik Fexeus, se quiser seduzir alguém, você pode "ancorar" sensações nessa pessoa através do toque. Quanto mais impressões geramos, mais pessoal fica nosso contato. Se o outro apenas nos escuta, significa que temos uma proximidade somente no nível auditivo, e, para o ser humano, quanto mais feliz ele está com alguém, mais ele quer vivenciar aquela pessoa. Por isso, podemos fazer uso de perfumes marcantes, roupas chamativas ou, no caso da linguagem corporal, do nosso toque. Aplicar a tacêsica em zonas neutras ou afetivas pode criar experiências táteis para a outra pessoa, a ponto de ela se acostumar com seu toque ou até mesmo gostar da experiência e reproduzi-la em você.

- Combinar tacêsica com proxêmica e elogios sinceros. Essa combinação pode ajudar você a se aproximar rapidamente de outra pessoa e se conectar com ela. Ao fazer um elogio sincero sobre um acessório, como um relógio ou um bracelete, você pode chegar perto da pessoa (proxêmica), tocar suavemente na região onde está o acessório, acariciar levemente essa região enquanto olha para o acessório (demonstração de interesse) e fazer um elogio sincero sobre o que você está observando. Com apenas essa atitude você já englobou um combo de sinais não verbais que transmitiram interesse e que o fizeram avançar no processo de sedução.

- Espelhamento verbal. Já falamos sobre isso, mas vale a pena relembrar: quando mostramos para a outra pessoa que somos como ela, ou seja, quando espelhamos seu comportamento, uma tendência natural é que as barreiras se suavizem e que ela aos poucos passe a se sentir mais confortável em nossa presença. Por isso, não tenha medo: faça uso do espelhamento consciente e observe os resultados.

10. "Coladinhos": um estudo sobre proxêmica

Certa vez, eu estava investigando um caso de traição. A suspeita era de um possível affaire entre o marido da contratante e uma mulher no local de trabalho dele. Esse cara, que vamos chamar de Beto, trabalhava em uma empresa com muitos funcionários. Só em seu setor já havia muitas mulheres, e se eu começasse a investigação tentando encontrar ligações com cada uma delas isso levaria um bom tempo e não seria eficiente.

Comecei então a pesquisar de modo mais direto: olhei fotos de comemorações da empresa das quais Beto tivesse participado. Eu procurava por algum comportamento repetitivo dele com outra mulher — um sorriso, um direcionamento de olhar, um toque ou (o mais evidente) uma proxêmica mais íntima.

Como já comentamos, a *proxêmica* é uma ciência que se predispõe a estudar a forma como usamos o espaço entre nós e outras pessoas para comunicar algum nível de afetividade durante interações sociais. Esse termo foi cunhado por Edward T. Hall, e, conforme informado em sua pesquisa, todos os humanos usam o espaço a sua volta para comunicar em nível afetivo o que sentem por outra pessoa. Via de regra, quanto mais longe menor meu interesse, familiaridade ou afeto por um objeto, ideia ou pessoa. E, quanto mais perto, mais afeto e identificação eu sinto por essa pessoa, ideia ou projeto.

Voltando à nossa história, enquanto eu investigava se Beto estaria mantendo relações extraconjugais com alguma das mulheres de seu ambiente profissional, analisei fotos em que ele e outros funcionários festejavam de forma espontânea (aqui vai uma dica: quando as pessoas não sabem que estão sendo objetivamente observadas, elas tendem a se expressar ainda mais). Comecei a perceber que uma mulher, que iremos chamar de Tina, também funcionária da empresa, aparecia em muitas das fotos em que Beto estava. E, observando as fotos em que ambos apareciam, ficou clara a proxêmica dos dois. Em praticamente todas ambos estavam com a região do quadril muito próxima um do outro. Mesmo ao lado de outras pessoas, eles não tendiam a se aproximar tanto quanto nas fotos que estavam juntos (ou quando apareciam na mesma foto com mais gente). Aquilo foi o norte que me ajudou a iniciar a investigação, e, infelizmente, confirmar o caso entre Beto e Tina. Pois é, cara pessoa que lê, tudo começa com a proxêmica. Tendemos a nos aproximar ou avançar corporalmente quando falamos sobre algo com que concordamos ou quando estamos na presença de algo que aceitamos, e afastamos o corpo de ideias ou pessoas que não aceitamos ou de quem não gostamos.

Caso você observe que sempre que fala com determinado cliente ele dá um passinho para trás ou inclina o tronco para longe, preste atenção! Ele pode estar telegrafando uma sensação negativa e que pode nem ser sobre você, mas pela proximidade em si. Portanto, lembre-se também de evitar chegar muito perto de pessoas que acabou de conhecer, pois cada indivíduo tem seu espaço pessoal, e isso varia muito.

Se você por acaso chegar a menos de um metro de um britânico, ele se sentirá tão ofendido e encurralado por sua proxêmica íntima forçada que poderá ofendê-lo ou partir para cima. Já aqui no Brasil, em especial em momentos de interação social, como em barzinhos, restaurantes e bloquinhos de Carnaval, a distância íntima pode ser considerada algo entre um cílio e meio, mais ou menos. Piadas à parte, procure mais informações sobre o contexto em que você está e com quem está falando para entender o que é considerado proxêmica íntima nessas situações.

Se um funcionário ou colega de trabalho decide sempre se posicionar, sentar-se ou trabalhar em uma mesa ou sala que seja especificamente distante, ele pode estar nutrindo algum sentimento negativo em relação a você. Vale a pena tomar cuidado com suas ações ao interagir com ele. Se uma pessoa sai andando ou demonstra tensão ao se levantar quando você a aborda, pode ser também que ela não esteja muito confortável na sua presença ou que tenha outras urgências a tratar naquele momento.

Ainda em relação à proxêmica, conforme os estudos de Hall, podemos usá-la para passar a ideia de superioridade. Quando alguém invade seu espaço pessoal, sobretudo se estiver com o peito estufado, obrigando você a se afastar, isso pode indicar que ela está, de certa forma, tentando ganhar território e mostrar superioridade. É como em uma briga de bar, quando um bêbado vai para cima do outro, empurrando o que está fugindo. O que avança é visto como corajoso, bravo e superior, enquanto o que está recuando pode ser visto como alguém perdendo território. Então, caso note esse tipo de pessoa que sempre tenta se aproximar de você e obrigar um recuo, crie distância (seja esticando o braço entre vocês ou colocando algum objeto no meio), fale firme e não deixe que ela se aproxime tanto, assim você não sai como inferior e evita que ela se sinta ainda mais no controle da situação e decida escalar seu comportamento para uma agressão física.

"INDO EMBORA, LOUCO POR VOCÊ"?

Talvez você se lembre da banda RPM, liderada pelo vocalista Paulo Ricardo, famosa nos anos 1980. Ela cantava sucessos como "Olhar 43", "Rádio pirata" e "Revoluções por minuto" — era uma banda de que eu particularmente gostava bastante quando era jovem, assim como muitos brasileiros.

Em determinado trecho de "Olhar 43", fica explicado exatamente o que ele significa:

Meu olhar 43
Aquele assim, meio de lado
Já saindo, indo embora
Louco por você

Apesar de ter animado muitas festinhas nos anos 1980 e de ter sido hit de vários verões Brasil afora, esse trecho da letra é muito incongruente, ainda mais por ser associado a um tipo de olhar que demonstra interesse. Vamos entender o que estou dizendo, e já deixo bem claro que não, isso não é uma crítica musical, apenas uma crítica sobre a afirmação da letra sob a perspectiva não verbal. Observe o seguinte trecho:

Já saindo, indo embora
Louco por você

Aqui conseguimos entender que a pessoa da música está indo embora, afastando-se de alguém enquanto olha para essa pessoa. Pare por um momento e imagine essa situação: você está falando com uma pessoa, talvez oferecendo um produto ou uma ideia, e essa pessoa parece estar refletindo sobre o que você está falando. De repente, ela vira o corpo na direção contrária ("para fora" da conversa) e começa a se movimentar para longe enquanto olha para você e murmura ter interesse na sua oferta, ao mesmo tempo que se vira mais ainda, dizendo: "Poxa, que bacana, ah, eu vou dar uma olhada sim! Valeu, campeão, abraço!".

Falando com sinceridade (talvez você já tenha sido esse alguém indo embora): você acha mesmo que a pessoa nessa situação está realmente interessada na sua ideia? Que ela está louca por você? Muito provavelmente não! Isso acontece porque basicamente denunciamos nosso interesse com a direção do tronco e dos pés. A explicação pode ser encontrada alguns capítulos atrás, e se dá pelo fato de termos menor representação somatossensorial no cérebro para os pés. Grosso modo, temos menos consciência do que está acontecendo com nossos pés quando andamos, caminhamos ou nos sentamos (e para que direção eles apontam), e é por isso também que muitas pessoas acabam evoluindo uma pisada errada para um hábito, que pode acarretar em síndromes como a pisada pronada. Uma possível justificativa (conforme pesquisadores como Weil e Tompakow) é que, como os pés estão mais distantes do nosso cérebro, temos menos consciência sobre o que está acontecendo com eles, e sendo assim apresentamos uma tendência muito maior de revelar nosso interesse ao avançar na direção de algo que desejamos apenas apontando nossos pés para esse objeto ou pessoa.

Em 2009, foi realizado em Fortaleza um estudo em alas hospitalares, investigando a forma como enfermeiras tratavam não verbalmente pacientes portadores de HIV/aids.[1] O estudo visava avaliar, entre outros dados, o fator de queixa que alguns pacientes apresentavam. Em estudos anteriores, conforme descrito no artigo, um tipo de queixa frequente era que as profissionais de saúde apresentavam indiferença em relação aos pacientes e seus problemas. Embora tenha sido uma minoria, é possível observar que algumas interações com profissionais de saúde foram feitas com a enfermeira de costas para o paciente ou ainda desviando o olhar e virando o tronco na direção oposta ao paciente. As enfermeiras que apresentaram tal atitude podem ter agido por receio da doença, por algum juízo de valor com relação ao paciente ou por algum aprendizado cultural de manter determinada distância de desconhecidos. As motivações são inúmeras, porém a reação percebida pela maioria dos pacientes que se encontravam nessa situação em que as enfermeiras lhes "davam as costas" ou "desviavam o contato visual" foi praticamente a mesma: eles sentiam que eram tratados com indiferença, apatia ou que aquela pessoa não estava conectada emocionalmente com os pacientes naquele momento (e, como o artigo descreve, em muitos dos casos os pacientes com medo, dúvidas ou receios acabavam cessando a interação por sentirem um estranhamento na conexão emocional com as profissionais de saúde). Felizmente, o número de profissionais que praticaram esse tipo de postura corporal foi muito pequeno, mas serve de exemplo: se viramos as costas ou não olhamos de frente para uma pessoa, podemos dar a ideia de que não temos interesse ou de que não nos conectamos emocionalmente com ela. E, em interações profissionais, seja com um colega de trabalho, um supervisor ou um cliente, conexão emocional é fundamental para uma boa relação.

Você deve então observar o conjunto que ocorre na maioria das vezes: pés apontados na mesma direção que o corpo está avançando (proxêmica + direcionamento corporal) são um indicador fortíssimo de interesse. Por isso, se pararmos para analisar a música, quando é dito "Olhar 43/ aquele assim, meio de lado/ já saindo, indo embora/ louco por você", fica difícil acreditar que seja um conjunto não verbal que demonstre interesse genuíno. Quanto mais confortável com uma situação, pessoa ou ideia alguém estiver, a tendência é se aproximar corporalmente ou se virar na direção do objeto de foco.

NA PRÁTICA

Situações profissionais: Demonstrando confiança para clientes ou potenciais parceiros. Por mais que muitas pessoas não se sintam confortáveis em transmitir uma imagem associada a "superioridade", essa postura é extremamente necessária para gerar credibilidade em suas afirmações. Isso porque, como já entendemos, as pessoas vão perceber muito mais a nossa linguagem corporal (em momentos críticos como negociações, reuniões e vendas) do que necessariamente o conteúdo das nossas palavras. Portanto, é necessário lembrar de usar sua linguagem corporal e seu estilo verbal para transmitir a ideia de confiança e credibilidade. Não é sobre ser arrogante, mas sim ter segurança e não se amedrontar com o que se está falando.

Recomendações:
- Mantenha a postura elevada enquanto fala ou explica algo. Lembre-se de projetar o peito para fora e o queixo levemente para cima, assumindo uma postura confiante.

- Faça *power poses* antes de apresentações, negociações e demais eventos que possam provocar ansiedade e desconforto emocional. As *power poses*, conforme mostram as pesquisas, podem alterar nossa psicofisiologia, liberando hormônios que combatem o estresse. Mãos na cintura e postura elevada!

- Quando for explicar algo para um grupo, lembre-se de *manter as mãos na altura do tórax ou do diafragma*. Nada de enfiar as mãos nos bolsos ou (ainda pior) cruzar os braços — isso sim demonstra insegurança. Se preferir, você pode adotar um gesto de "cúpula" em frente ao peito enquanto fala.

- Procure não usar gírias ou linguagem informal quando quiser passar segurança e credibilidade em suas palavras.

- Evite se mover ou gesticular muito rápido. Isso geralmente passa a ideia de desespero ou insegurança para quem está assistindo.

- Quando houver confronto por parte de um cliente ou negociante, que de certa forma pode tentar menosprezar você, *não perca a calma nem saia respondendo depressa*. Respire fundo, acalme-se. Mantenha o olhar de forma direta para a pessoa e explique com um fluxo verbal calmo (fazendo uso de gestos lentos, se preferir) o motivo que torna a sua ideia válida. *Estratégia alternativa*: depois de explicar, reverta o tom de pergunta para a pessoa, aplicando a técnica das três opções (já mencionada no capítulo 7 deste livro).

Situações pessoais: Observando o desinteresse nas relações afetivas. Algumas relações podem cair no ostracismo, e isso é mais comum do que pode parecer. O ideal para lidar melhor com questões de relacionamento é procurar ajuda de profissionais como psicólogos, terapeutas e afins. Porém, você também pode tentar conversar com a outra pessoa assim que perceber algumas alterações no comportamento não verbal dela ou possíveis sinais de desinteresse.

Recomendações:

- Observe a proporção de comunicação que vocês têm. Se é só você quem fala, e a outra pessoa não responde ou responde pouco, ou se a comunicação estiver muito desequilibrada, pode ser que ela esteja sinalizando desinteresse em se comunicar com você (isso pode ser observado inclusive em trocas de mensagem por celular).

- Observe a proxêmica. Repare se vocês ficam mais próximos ou mais afastados fisicamente. Se, quando você chega perto, a outra pessoa se afasta ou sai do local. Repare se, quando você se coloca perto dela, essa pessoa se aproxima de você ou passa longe. Tente perceber se ela tem a tendência de vir ao seu encontro quando vocês estão no mesmo local (por exemplo, na mesma casa), ou se é sempre você quem se aproxima fisicamente dela. Isso também pode sinalizar desinteresse.

- Perceba o feedback que essa pessoa emite na expressão facial quando está com você. Quais emoções ela expressa? Felicidade genuína? Raiva? Tristeza? Segundo pesquisas do psicólogo e terapeuta de casais John Gottman, algumas expressões, quando demonstradas com frequência por um parceiro, podem ser sinalizadoras de que o relacionamento está péssimo ou próximo ao fim. Essas emoções são sobretudo desprezo e nojo. Portanto, caso observe que seu(sua) parceiro(a) expressa tais sentimentos com certa frequência na sua presença, vale a pena ficar alerta e tentar entender o que está acontecendo.

Situações sociais: Detectando quem está interessado em você. Aqui, é importante entender duas subcategorias de interesse: a primeira fala sobre interesses afetivos, enquanto a segunda visa interesses positivos (quem "vai com a sua cara"). Apesar de as recomendações para esses dois casos serem parecidas, é importante distinguir um do outro, pois alguém que sente interesse afetivo por você vai demonstrar sinais de abertura para "algo mais", enquanto alguém que demonstra interesse positivo apenas deixará evidente que sente boas emoções pela sua pessoa.

Recomendações:

- *Interesses afetivos*: Repare na direção dos pés (e dos joelhos) das pessoas com quem você mais se relaciona (e talvez daquela por quem você até nutra sentimentos mais intensos). Quando gostamos de alguém, temos uma predisposição maior a direcionar nosso tronco, joelhos e pontas dos pés em direção a essa pessoa.

  - *Técnica alternativa*: Tente se locomover e ficar em outras posições para ter certeza de que a pessoa realmente se vira em sua direção e não "para qualquer lugar". Se repetidas vezes ela se virar para você (ou até mesmo direcionar o corpo para lugares diferentes como se o estivesse procurando), muito provavelmente o interesse dela deve ser maior que o normal. Invista sem medo em uma conversa.

- *Interesses afetivos*: Verifique a direção do olhar da pessoa em relação a você. Se ela o acompanha repetidas vezes com os olhos, ou se olha para você em inúmeras ocasiões e exibe expressões positivas logo em seguida, como um sorriso, isso pode ser um sinal positivo de interesse.

- *Oculésica*: Observe também, quando estiver conversando com a pessoa, para onde ela está olhando. Lembre-se das *zonas de interesse visual*. Se a pessoa estiver observando sua boca, seu queixo ou pescoço durante muito tempo, pode ser que o interesse não seja apenas na conversa, mas sim em "algo mais".

- *Interesses positivos*: Observe a tacêsica e a projeção corporal. Em locais como escola, faculdade ou trabalho, fica fácil entender quais pessoas se sentem mais confortáveis e simpatizam conosco ao compararmos a postura como um todo. Em geral, essas pessoas tendem a se aproximar fisicamente de nós e projetar a postura em nossa direção. São pessoas que não têm problema em nos tocar, às vezes até mesmo de forma mais pessoal (como um abraço em vez de um simples aperto de mão).

  - *Expressões faciais*: Além de demonstrar sorrisos de felicidade genuína em nossa presença, as pessoas que mais sentem emoções positivas por nós tendem a exibir menos expressões negativas, em especial a emoção de desprezo, pois como elas não se consideram superiores a nós dificilmente vivenciam o desprezo a ponto de expressá-lo na nossa frente (não que isso não possa ocorrer vez ou outra, mas costuma ser mais pelo contexto do que devido à nossa presença).

  - *Estilo verbal parecido*: Pessoas que gostam de nós tendem a ter estilos verbais muito parecidos com o nosso. Elas podem falar rápido ou devagar, no mesmo ritmo que nós. Usam gírias ou termos semelhantes, fazem piadas e até mesmo comentários parecidos, geralmente em volumes vocais aproximados.

11. Apertos de mão

Uma das formas mais comuns que utilizamos ao interagir com alguém que não conhecemos ou que acabamos de conhecer é o aperto de mão. Segundo alguns historiadores, o ato de apertar a mão de um desconhecido durante um primeiro contato era visto mais como uma medida de segurança do que como uma ação em prol da comunicação interpessoal. Acontece que era muito comum, na época da Roma antiga, por exemplo, que assassinos de aluguel cometessem seus serviços em público, no meio da multidão. Para isso, eles costumavam levar pequenas lâminas escondidas nos braceletes, nos bolsos ou em outras partes da vestimenta. Daí surgiu a ideia de sempre cumprimentar um desconhecido com um aperto de mão — ou, no caso dos romanos, apertando o pulso para checar se não havia nada escondido nas mangas ou nos braceletes.[1]

Hoje, porém, os apertos de mão são utilizados em interações sociais para formalizar uma saudação feita por meio de contato corporal (pois, sendo mamíferos, temos uma grande tendência a interagir com outros seres humanos usando partes do nosso corpo). Além de uma simples forma de saudar alguém, um aperto de mão pode transmitir para a outra pessoa uma breve ideia sobre nossa personalidade e intenção no momento da abordagem. Sabe quando alguém aperta sua mão de um jeito que parece que quer esmagar seus dedos? Pois é, já reparou como isso chama a atenção? Às vezes, até achamos que a pessoa está com raiva de nós ou que é alguém de mal com a vida. Diferentes apertos de mão podem trazer diferentes significados, e é importante conhecer as variações mais comuns para entender em quais contextos utilizar cada um deles. Não seria interessante cumprimentar alguém numa entrevista de emprego e transmitir uma imagem arrogante, certo? Lembre-se: a ideia, em contextos profissionais, é demonstrar que somos confiáveis e que estamos dispostos a interagir.

APERTO DE MÃO "DE SUBMISSÃO": SIGNIFICA INFERIORIDADE

Costuma ser praticado com a palma da mão virada para cima, simulando o famoso gesto do pedinte. Geralmente, ao cumprimentar, a pessoa vem com a mão por baixo. É comum que também apresente pouco tônus muscular no braço que está cumprimentando, além de não avançar muito. Esse tipo de aperto de mão costuma transmitir a ideia de impotência, submissão ou inferioridade. É muito comum que ocorra em situações nas quais a pessoa se sente acuada ou insegura — às vezes, cumprimentar alguém hierarquicamente mais importante pode ser um gatilho para que um funcionário cumprimente dessa forma. Em primeiros contatos, não é um tipo de aperto de mão muito recomendado. Contudo, pode ser usado ao final de uma boa negociação (favorável a você) para mostrar humildade ou para eliminar qualquer impressão de soberba que possa ter transparecido.

APERTO DE MÃO "DE SUPERIORIDADE": SIGNIFICA CONFIANÇA

Oposta ao aperto de mão anterior, essa variação é praticada com a palma da mão virada para baixo e, geralmente, com a mão vindo de cima para baixo. O braço que cumprimenta avança e segura a mão da outra pessoa, apresentando maior tônus muscular (pegada firme).

A mensagem transmitida nesse tipo de aperto de mão é objetiva: dominação, superioridade e, em alguns casos, pode até ser usada para intimidar alguém. Pode demonstrar que você está alerta ou que não é alguém a ser subestimado. Cuidado para não acabar exagerando no uso dessa abordagem e passar a imagem de uma pessoa "arrogante".

APERTO DE MÃO "DE IGUALDADE": SIGNIFICA PARIDADE

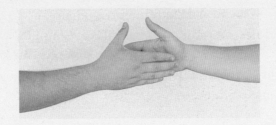

Esse tipo de aperto de mão seria um meio-termo entre os dois anteriores. É praticado com a palma da mão apontando para o lado (nem para cima nem para baixo) e com o polegar geralmente em riste. É um aperto que apresenta certa pegada e que transmite uma ideia neutra. É indicado durante primeiros contatos, quando você ainda não conhece muito sobre a pessoa que será abordada. Vale a pena tomar cuidado, pois pessoas que querem instaurar gatilhos de dominação podem se aproveitar de apertos de mão de igualdade para virar sua mão para cima e transformar seu cumprimento em um gesto de submissão. Portanto, caso opte pelo aperto de mão de igualdade, certifique-se de manter a mão e o punho firmes.

Dica: Se quiser incrementar o aperto de mão de igualdade para deixá-lo um pouco mais afetivo, você pode dar uma espécie de tapinha no braço ou ombro (zonas neutras) da pessoa que você está cumprimentando, a fim de gerar uma tacêsica positiva.

APERTO DE MÃO "FROUXO": SIGNIFICA DESINTERESSE, DESDÉM

Alguns pesquisadores, como Kasia Wezowski, chamam esse tipo de aperto de mão de "peixe morto". Em geral, ele acontece quando a pessoa pega em nossa mão sem tônus muscular algum e sem avançar muito o braço (algumas vezes, ela nem olha em nosso rosto), dando a impressão de que somos apenas nós a participar do cumprimento. Ele é associado, geralmente, a falta de interesse, desdém ou até mesmo com certa sensação de querer evitar cumprimentar a outra pessoa. Obviamente, não é um aperto de mão recomendado para quase nenhum cenário, a menos que você queira mesmo evidenciar seu desconforto com aquele contato.

APERTO DE MÃO "ESMAGA-OSSOS": SIGNIFICA DOMINAÇÃO FORÇADA, INTIMIDAÇÃO

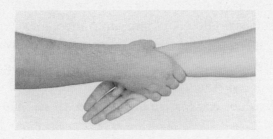

É aquele famoso aperto de mão que, quando recebemos, algumas vezes até balançamos a mão ou comentamos algo como "Caramba, quase esmagou meus dedos!". No aperto de mão esmaga-ossos, como o nome já sugere, é feita uma pegada muito firme no ato de cumprimentar, geralmente causando desconforto e, em alguns casos, até mesmo dor para a outra pessoa. Em geral, quem cumprimenta dessa forma avança o braço em um ângulo similar ao aperto de mão de igualdade. A ideia transmitida nesse aperto de mão muitas vezes está associada a intimidação ou dominação. É comum ver pessoas hierarquicamente superiores ou que possuem muita força física (como comandantes das Forças Armadas ou mestres de artes marciais) fazendo uso de cumprimentos assim. Eu não recomendaria esse tipo de aperto de mão pelo desconforto que ele gera para a outra pessoa.

APERTO DE MÃO "PONTA DOS DEDOS": SIGNIFICA DESDÉM, ARROGÂNCIA, NOJO

Esse aperto de mão é um tanto incomum para quem vive no Ocidente. Em alguns locais da Ásia, porém, ele é mais corriqueiro, sobretudo quando pessoas cumprimentam alguém de nível hierárquico bastante superior. É como se tais indivíduos não fossem dignos de tocar na mão daquela pessoa. Por isso, durante o cumprimento, quem é hierarquicamente superior cumprimenta os inferiores oferecendo apenas a ponta dos dedos. Alguns chamam esse aperto de mão de "pinça", que é basicamente cumprimentar alguém segurando a mão da outra pessoa só com a ponta dos dedos em vez de usando a mão inteira. Essa variação transmite a ideia de superioridade e desdém — é quase como se sentíssemos que nossa mão ficaria suja caso a pessoa a tocasse. Não recomendo que você faça esse aperto de mão a menos que queira transparecer uma imagem negativa ou enojada.

APERTO DE MÃO "DOMINADOR": SIGNIFICA SUPERIORIDADE, MANIPULAÇÃO, DOMINAÇÃO

Esse tipo de aperto de mão é comumente adotado por grandes líderes ("grandes" em relação ao número de pessoas que controlam), como políticos, presidentes de empresas, diretores e afins. Quando vemos duas pessoas desse tipo se encontrando (como nas conferências entre o ex-presidente norte-americano Donald Trump e outros líderes mundiais), chega a ser algo até meio engraçado: parece que eles estão disputando para ver quem aperta a mão mais forte ou traz o outro para mais perto de si, em uma espécie de cabo de guerra com as mãos. Contudo, por mais engraçado que possa parecer, esse tipo de aperto de mão é uma tentativa de instaurar um gatilho de dominação elevada, usado para manter uma figura de superioridade já estabelecida ou para criar um sentimento de submissão na cabeça da outra pessoa. É um cumprimento bastante ofensivo e que pode soar como um "ataque": a pessoa pode avançar o braço com força e tônus (quase como um soco), apertar, girar a mão da outra pessoa, trazê-la para perto ou agarrar seu outro braço com a mão livre, dominando o interlocutor por completo (quase como se dissesse "Venha cá, você me pertence!"). A ideia é reforçar sua imagem como alguém superior e criar no outro um gatilho de submissão. Fique alerta para não cair nas garras de apertos de mão assim. Se for o caso, puxe sua mão com força e se mantenha com uma postura elevada e firme, encarando a outra pessoa. Mostre que você não será submisso a ela.

12. Transmitindo confiança e segurança

Em um artigo, a pesquisadora não verbal e Ph.D. em psicologia Kasia Wezowski relata que certa vez foi requisitado a ela e seus colegas que tentassem "prever" o resultado de um concurso de pitch de vendas para empresas startups em Viena. Nesse concurso, cerca de 2500 empreendedores de tecnologia competiam entre si para ganhar um prêmio de milhares de euros e financiar seu projeto.[1]

Kasia e os colegas observaram as apresentações, prestando muito mais atenção na *forma como os empreendedores estavam se apresentando* do que no conteúdo propriamente dito. Por fim, eles emitiram suas conclusões sobre quem deveria ganhar o prêmio, e o desfecho não poderia ser mais surpreendente: como confirmado ao final do evento, Kasia e seus colegas estavam certos! Eles realmente acertaram a "previsão" apenas observando a linguagem corporal dos participantes do concurso e a forma como eles demonstravam suas emoções durante a apresentação. O mais curioso disso tudo é que, dois anos depois, ela e os colegas foram novamente convidados para o mesmo evento — dessa vez, com a missão de não só prever quem ganharia o concurso mas também de tentar entender quais sinais não verbais os melhores participantes demonstravam, e como esses sinais contribuíam para o seu sucesso (ou, em outros casos, para o seu fracasso).

Em seus achados, os pesquisadores compreenderam que uma linguagem corporal percebida como mais positiva e persuasiva estava quase sempre associada a um resultado de sucesso para o participante. Além disso, Kasia percebeu que suas observações também se aplicavam ao campo político, onde quase sempre a linguagem corporal transmitida (em nível consciente) é de confiança, sinceridade e convicção.

Ser capaz de transmitir confiança com a nossa linguagem corporal é uma ótima forma de criarmos um cartão de visita positivo, pois muitas vezes, em situações práticas, a pessoa vai primeiro conferir nossa imagem: como nos comunicamos, nosso carisma e nossa postura em público, para só depois checar informações como currículo, experiências passadas ou histórico (muitas vezes, não checam nem isso). Ou seja, a primeira gama de informações a que alguém terá acesso para fazer um julgamento sobre nós será a linguagem corporal. Portanto, é importante cultivar uma postura de confiança.

No dia a dia, são inúmeras as situações em que precisamos transmitir segurança no que falamos, seja ao apresentar um trabalho no colégio ou na faculdade ou até mesmo fazendo um pitch de vendas ou explicando seu produto para um cliente mais exigente. Nesses inúmeros e variados cenários, além das informações que passamos, as outras pessoas estão a todo momento tentando ver se o que estamos falando é confiável. Com base nessas situações cotidianas, muitos pesquisadores e estudantes de linguagem corporal desenvolveram formas de se comunicar que são associadas a confiança e persuasão. Iremos agora conferir as seis principais posturas não verbais que você pode adotar para transmitir uma imagem mais segura ao falar sobre algum assunto. Faça o teste: enquanto lê este capítulo, pesquise palestras, entrevistas ou shows de pessoas que você admira e observe como elas falam para um grande público, ao vivo, sobre um tema que dominam. Repare na linguagem corporal: veja que a postura vai se encaixar em uma das seis formas que iremos apresentar a seguir.

A CAIXA: TRANSMITE SINCERIDADE, CONFIANÇA

A caixa é uma postura na qual o comunicador imagina que suas mãos (posicionadas na frente do corpo) estão dentro de uma caixa, e, dessa forma, evita fazer movimentos longos e dramáticos enquanto discursa, limitando-se a pequenos gestos na altura do tórax. Isso ocorre pois, muitas vezes, movimentos longos, exagerados e com muita dramatização podem soar como fingimento em vez de confiança para o público. Esse gesto também é chamado de "*Clinton's Box*" [caixa de Clinton] por estudantes de linguagem corporal, pois, no início da campanha eleitoral, era comum que o político fizesse gestos exagerados ou que gritasse, e seus assessores de imagem perceberam que isso causava estranheza ou comicidade entre o público. Como queriam transmitir uma ideia de seriedade e confiança, Clinton foi orientado a imaginar uma caixa em sua frente e não tirar as mãos dela — daí o termo *Clinton's Box*.

A BOLA: TRANSMITE DOMÍNIO, SEGURANÇA, CONTROLE

Nessa postura, o comunicador deve imaginar que está segurando uma bola de futebol em frente ao tronco (na altura do diafragma) enquanto discursa. Esse tipo de gesto é geralmente adotado quando se tem total domínio do assunto, quando se conhecem os detalhes e praticamente todas as informações fundamentais daquilo que está sendo falado. Por isso, é um gesto que demonstra controle da situação. Não é à toa que o próprio Steve Jobs utilizava com frequência essa postura ao discursar sobre algum produto.

A PIRÂMIDE: TRANSMITE AUTOCONFIANÇA, RELAXAMENTO

O gesto de pirâmide, embora possa ser feito com o comunicador de pé, é comumente observado quando ele está sentado, apoiando os cotovelos na mesa. Nessa postura, o comunicador conecta as pontas dos dedos à frente do corpo, fazendo com que as mãos formem uma "pirâmide". Além de ser um gesto muito utilizado para intimidação em reuniões de negócios, essa postura também é chamada por estudantes brasileiros de "ligar os pontos". Ela pode ocorrer também quando alguém está digerindo informações e refletindo sobre um tema, como observado na impecável atuação de Benedict Cumberbatch no papel de Sherlock Holmes (*Sherlock*, BBC, 2010). Sempre que Holmes precisava resolver um caso mais complexo ou refletir para achar a pista certa, automaticamente suas mãos adotavam a postura de pirâmide, demonstrando que ele estava raciocinando sobre algo.

BASE FIRME: TRANSMITE CONFIANÇA, CONTROLE

Esse tipo de postura tem sua forma mais acentuada no posicionamento dos membros inferiores, pois o comunicador abre as pernas até que seus pés fiquem paralelos à linha dos ombros, deixando-os firmes no chão. Parar com as pernas muito fechadas, ficar distribuindo o peso de uma para a outra ou manter um pé apontando para cada lado enquanto discursa são formas de ser visto como alguém desconfortável ou desleixado. Abrir as pernas e parar com a "base firme" transmite confiança e certa autoridade — tenha em vista que essa postura é comumente praticada por oficiais da lei, como policiais militares durante abordagens e fiscalizações ou mesmo quando querem adotar uma posição de descanso. Eu diria que juntar a postura de base firme com um gesto como a bola é uma ótima maneira de causar uma impressão positiva durante uma apresentação.

PALMAS PARA CIMA: TRANSMITE EMPATIA, ABERTURA, SINCERIDADE

Comumente chamado de "gesto do pedinte", a postura com as palmas para cima é vista como honesta, sincera e aberta. Ela acontece quando posicionamos as mãos alinhadas na altura do tórax (um pouco afastadas uma da outra) e com a palma virada para cima. Essa postura é frequentemente vista como positiva e empática, associando a imagem do interlocutor a alguém sincero e cooperativo, alguém que visa criar empatia em seu público. É bastante utilizada por Oprah Winfrey, que, além de ser uma mulher que transmite poder e confiança, é também alguém que expressa empatia enquanto discursa.

PALMAS PARA BAIXO: TRANSMITE DOMÍNIO, CONTROLE, FORÇA

Entre todas as posturas mencionadas, essa é a que mais está associada a persuasão e manipulação. Em algumas variações, essa postura é chamada de "segurando o boi pelos chifres". Nela, o comunicador alinha as mãos de forma similar à postura palmas para cima. Porém, aqui ele vira as palmas para baixo, geralmente fazendo com as mãos uma simulação de estar "agarrando" algo. Esse gesto demonstra autoridade, poder e persuasão, além de comumente ser emitido por pessoas muitas vezes percebidas como arrogantes. No Brasil, esse gesto é frequentemente visto no empresário e apresentador Roberto Justus (*O Aprendiz*), que, além de demonstrar tremenda autoridade e muitas vezes até prepotência enquanto fala, é também o responsável por demitir os participantes do programa.

Dica-bônus

Ao gesticular, procure utilizar gestos que transmitam confiança, mas que sejam menos hostis (como a pirâmide ou a bola). Isso evita que você passe a sensação de ser uma pessoa arrogante em vez de confiante. O gesto dominante de palmas para baixo pode ter sua função em um contexto no qual você precisa de uma postura enérgica para gerar persuasão rapidamente a fim de conseguir avançar com uma argumentação.

POSTURA DE INFERIORIDADE

Como comentamos no início deste capítulo, posturas associadas a positividade e confiança tendem a fazer mais sucesso entre o público. Portanto, evite adotar posturas submissas, chamadas também de posturas de inferioridade, em que juntamos muito nossos pés e pernas (o oposto da base firme), fazemos algum gesto de fechamento (como cruzar os braços na frente do tronco) e abaixamos a cabeça ou olhamos

para baixo. Isso é mais comum em pessoas tímidas, sendo muitas vezes uma forma-padrão de comportamento para elas — muitas nem percebem que estão nessa postura, embora reconheçam que são tímidas (ou escutem isso com frequência de outras pessoas). Então, procure prestar atenção à sua postura em situações profissionais ou sociais. Lembre-se: tente parecer positivo e confiante, mesmo que você não esteja se sentindo assim. Se executar uma das posturas exemplificadas e detalhadas anteriormente durante sua apresentação, você obterá uma avaliação melhor do público.

13. Aperto de mão correto? Postura correta?

Como você já deve ter entendido, este é um livro sobre conceitos de linguagem corporal, e não fórmulas prontas. Portanto, vale a pena tentar entender os diferentes sinais abordados aqui e refletir sobre qual tipo de sinal ou combinação de sinais se encaixa melhor na situação que você vai vivenciar. Um aperto de mão de superioridade deve ser evitado sempre? Depende do contexto. Se você sente que há uma ameaça em um ambiente novo, pode ser interessante mostrar certa energia ao cumprimentar as pessoas daquele local, para não transmitir uma ideia de fragilidade. Uma postura de submissão deve ser sempre evitada? Depende também! Se você estiver em um contexto no qual precisa acalmar uma pessoa emocionalmente exaltada, pode ser mais interessante demonstrar uma postura submissa e transmitir uma ideia de não ameaça. Tenha sempre em mente que sua postura, a forma como você se apresenta em primeiros contatos (seu aperto de mão, por exemplo) e sua impostação vocal podem passar variadas sensações para os outros. Portanto, cabe a você pensar no que quer transmitir com a sua linguagem corporal.

Um exemplo disso foi registrado por um cinegrafista amador em Feira de Santana, Bahia, no ano de 2015.[1] No registro do jovem cinegrafista, foi evidenciada uma tentativa de suicídio. Um homem, de aproximadamente trinta anos de idade, estava pendurado do lado de fora da passarela no quilômetro 618 da rodovia br-324. Nas imagens, conseguimos ver um policial federal abordando o homem, que ameaçava se jogar caso o policial tentasse puxá-lo.

Durante a negociação, o policial não usa um tom autoritário e não exibe a postura imponente característica dos agentes da lei. Pelo contrário: nesse momento, vemos o policial com uma atitude submissa (queda da postura e cabeça baixa), como se estivesse se rendendo. Em vez de agredir ou mandar o homem voltar para a parte segura da passarela, o policial utiliza uma linguagem verbal lúdica com apelo emocional, fazendo referências religiosas enquanto pede para que o outro segure sua mão. Ele deixa claro que não vai capturar o homem à força e continua se aproximando aos poucos. Quando o homem finalmente segura em sua mão, o policial não dá um puxão brusco e violento. Em vez disso, ele se aproxima vagarosamente e oferece um abraço, para só então puxar o homem de volta, ainda de modo lento, para o lado seguro da passarela. Lembre-se de que sua linguagem corporal influenciará no resultado quando você estiver lidando com outras pessoas, e pense em qual tipo de mensagem você deseja que o outro receba ao interagir com você.

LIDANDO COM PESSOAS DIFÍCEIS

Em um conjunto de quatro estudos realizados em 2010, um grupo de pesquisadores da área de recursos humanos e psicologia, entre eles Stan Silverman e Russell Johnson, visaram expandir o entendimento sobre arrogância e senso de superioridade em ambientes profissionais, por ser um comportamento comum em chefes e gerentes. Os pesquisadores criaram uma escala de arrogância a fim de estudar os funcionários em seu ambiente de trabalho e correlacionar os dados das pessoas "metidas" com seu rendimento profissional na empresa e em suas equipes. Apesar de parecer óbvio que se sentir superior aos outros não é uma ideia interessante em nenhuma área da vida, no trabalho esse conhecimento se mostra ainda mais indispensável. Como relatado no artigo, os níveis de arrogância de um funcionário podem comprometer a forma como ele lida com os colegas, a sua performance profissional e até mesmo a própria pessoa: funcionários com dificuldade de controle emocional ou muito arrogantes tendem a ser demitidos antes de funcionários mais pacíficos. Conforme Paul Ekman também comenta em suas pesquisas, o desprezo (emoção associada ao comportamento arrogante) pode muitas vezes nos afastar de outras pessoas em relacionamentos. Portanto, é uma emoção totalmente dispensável em ambientes em que você precisa manter uma boa relação com a outra parte, seja em um casamento ou em uma sociedade profissional. A longo prazo, alguém arrogante pode desgastá-lo tanto, após repetidas humilhações e tensões, que você não só se sentirá mal como ainda achará que, no fim, você é o lado errado da relação e a outra pessoa é que está certa (segundo Joe Navarro, ex-agente do FBI, pessoas arrogantes costumam também ser extremamente manipuladoras).

Certa vez, eu estava em negociação com um potencial contratante. Negociávamos um dos meus cursos, a ser oferecido na empresa dele para seus funcionários e também para o grande público. Eu lembrava que esse homem, que iremos chamar de Wellington, já havia me ligado umas três vezes. Mesmo após eu informar que aguardava a proposta dele por e-mail para poder avaliá-la com a minha assessoria, ele insistia: "Quero te ligar, prefiro que a gente se fale pelo celular". Sempre estou analisando o ambiente e as pessoas ao meu redor, e achei um pouco estranha (e irritante) aquela insistência em tentar estabelecer um cenário que lhe proporcionasse um momento de persuasão. Um telefonema é um cenário muito mais propício para o bom desempenho de uma abordagem persuasiva do que um e-mail ou uma mensagem de texto: ao vivo, seu alvo não tem tempo de pensar direito e pode acabar aceitando uma proposta ou, por meio de atos falhos, revelar informações importantes que você pode utilizar na conversa para convencê-lo. Ou pode ainda dar sinais emocionais na voz, indicando se está prestes a ceder ou se está resistindo à negociação. Enfim, quando alguém insiste que "prefere ligar", provavelmente vai tentar aplicar estratégias persuasivas em você. De qualquer maneira, confiante nas minhas capacidades de neutralizar a persuasão alheia (tendo eu mesmo já utilizado várias dessas ferramentas em negociações), aceitei e marcamos uma videochamada.

Durante a negociação, pude perceber que ele era bastante persuasivo, usava frases para gerar curiosidade e interesse ("Sabe quanto fizemos em vendas de cursos no ano passado?", "Sabe quem eu preciso apresentar para você? É um cara total a ver com a sua área, quando você vier para cá vou te mostrar") e fazia perguntas muito pessoais (como quanto eu ganhava com palestras, cursos e outras coisas — um comportamento típico de manipuladores, que buscam mais informações para conseguir novas estratégias de manipulação). Ele também falava toda hora sobre o alto desempenho da sua empresa na área de cursos e palestras e dizia ter contatos em diferentes locais e áreas associadas aos meus interesses, e que iria me apresentar para todas essas pessoas caso eu topasse sua proposta (fazendo um forte apelo verbal em temas que, na visão dele, eu julgava importantes).

Até que entramos em um ponto da conversa no qual começamos a falar sobre meu trabalho e sobre meu canal. Entrei nessa pauta propositalmente, para checar suas reações. Perguntei o que ele achava do Metaforando (meu canal no YouTube) e do que eu falava nos vídeos, tocando em pontos que eu sabia que eram importantes para ele (que se dizia um "estudioso" da linguagem corporal e da persuasão).

Seu comportamento então mudou de repente, e ele começou a cortar o assunto depressa, adotando evasivas verbais. Vez por outra, ele tentava entrar em uma nova pauta ou ficava apenas murmurando afastamentos verbais como "Nossa, não tem nem o que falar" ou "Tá gigante de inscritos", sem afirmar se gostava ou não do canal ou enfatizar qual conteúdo apreciava ou que vídeo tinha lhe chamado a atenção. Então comecei a estreitar as perguntas e pedir detalhes: "De qual vídeo você mais gosta?", "O que te chamou atenção quando você viu o Metaforando? Porque existem outros canais de linguagem corporal por aí...". Desse momento em diante, ele começou a se atrapalhar todo (gaguejava, demorava para falar, engolia em seco), fazendo elogios simplistas como "Sensacional", "Genial" e "Fera demais". Porém, além dessa alteração no fluxo verbal e uma notável dificuldade para "me elogiar" com algo de fato relevante, pude observar as microexpressões faciais de Wellington nesse momento. Quando falava de mim ou do meu trabalho, ele automaticamente tentava sorrir, mas sempre de forma "torta": puxava um dos cantos dos lábios, fazendo um meio-sorriso (popularmente conhecido como sorriso de canto de boca). Eu sabia bem que essa configuração facial indicava uma emoção de desprezo (conforme já vimos aqui). Quanto mais ele falava de forma "positiva" sobre meu canal ou meu trabalho, mais ele expressava desprezo e dificuldade em verbalizar seus elogios. Naquele momento, pensei: "Opa, tem algo errado! Desprezo? Elogios genéricos?".

Continuamos a conversar, mas ele não deu nenhuma resposta detalhada e depois começou a enaltecer a própria empresa, que estava havia quase cinco anos no ramo de treinamentos corporativos. Wellington começou a dizer que era formado como coach nisso e naquilo, que tinha master não sei do quê, que já havia feito o curso do discípulo de Tony Robbins... Fui apenas sorrindo para tudo o que ele falava, esperando que terminasse. Por fim, chegamos ao momento de negociar valores. Na época, eu estava perto de alcançar a marca de 1 milhão de inscritos, o que já era algo grande para um assunto específico como linguagem corporal. Portanto, eu tinha um valor compatível com o tamanho da minha imagem e do investimento que fiz (e faço) em estudos e certificações na minha área. Quando apresentei o valor, Wellington fez novamente uma expressão de desprezo. Decidi perguntar: "Algum problema? Vi que você fez uma expressão de desaprovação, o que você sugere?".

Ele se justificou dizendo que achava um pouco alto, e então falou algo como: "Eu, com todos os cursos e certificações que tenho, cobro X, e aí você (*desprezo*)... você...". Ele cortou a frase no meio! Foi quando entendi que o desprezo era direcionado a mim, talvez devido ao meu tamanho no mercado, talvez devido à minha idade. Enfim, o fato é que o Wellington não foi capaz de finalizar a frase ao falar especificamente sobre mim. Ele inverteu minha proposta com outra, sugerindo fazermos 50% de tudo: investimento e lucro. Obviamente, neguei. Porém, fui um pouco mais duro, dizendo que meu valor era aquele e que, se ele estivesse disposto, seria uma honra trabalhar com sua empresa, mas, caso contrário, que ele me avisasse para que eu não ficasse segurando a data.

Wellington tornou a expressar desprezo, enfatizando novamente sua experiência na área, realçando que a turma de alunos que participavam dos cursos na empresa era de um nível elevado, contando com médicos, advogados, juízes, psicólogos e policiais, dizendo ainda que todos eles iriam ouvir falar de mim de forma séria e positiva (mal sabia Wellington que meu público-alvo é composto de homens entre vinte e trinta e cinco anos, profissionais dessas mesmas áreas). Ele utilizou uma estratégia verbal de barganha emocional, dizendo que conhecia um dos principais investigadores de sua região e que, fazendo esse evento, ele marcaria um almoço para que eu fosse apresentado ao investigador (apelando mais uma vez para uma tentativa de manipulação através de um tema "importante" para mim). Ele ainda disse algo como: "Vou fazer um marketing positivo da sua pessoa, vai ser um bom negócio".

Nesse ponto, comecei a entender de forma mais clara que, apesar de eu ser o "famoso" (um termo bem vago, na minha opinião), Wellington se sentia verdadeiramente superior a mim. Na visão dele, não fazia sentido pagar uma quantia alta para um "moleque". A sorte era minha de poder realizar um projeto naquela empresa e ser divulgado por ele no "Clube do Bolinha".

Eu calmamente respondi que não me beneficiaria daquela divulgação, mas sim o contrário: eu divulgaria a empresa dele em minhas redes sociais, ainda que, de fato, eu não tivesse tantos certificados quanto ele (apesar de alguns serem de cientificismo questionável, como *practitioner* em vibração mental). Wellington teimou, dizendo que realizar aquele evento seria uma experiência agregadora e que eu "precisava passar por isso". Disse que iria oferecer tudo aquilo e que ainda me pagaria (olha só que bonzinho!). Ainda afirmou ser indicado que eu aceitasse os 50% oferecidos por ele, pois muitas outras pessoas já tinham acatado propostas com porcentagens inferiores. Terminei a conversa dizendo algo mais ou menos assim: "Wellington, faça uma pesquisa rápida no Google e no YouTube, coloque seu nome e o nome da sua empresa e veja quantos resultados aparecem. Em seguida, pesquise o meu nome e o do meu canal e tente ler tudo que aparece. Quando você terminar, envie um e-mail para mim, dizendo se vai aceitar ou não o preço que te passei. Abração, querido, vou nessa!".

E nunca mais nos falamos.

Hoje, vejo a situação e acho que minha resposta foi um tanto quanto exagerada — eu poderia ter encerrado a conversa de uma forma mais neutra (busque sempre o neutro, cara pessoa que lê!). Porém, pelo que pude observar em outros canais não verbais além da face, aquela pessoa talvez viesse a me trazer mais dores de cabeça em situações futuras caso mantivéssemos tratativas comerciais (como eu soube depois através de outros que trabalharam com o Wellington). Digo isso com base na análise que fiz enquanto conversávamos, entendendo a posição dele como se sentindo superior (arrogante) e demonstrando um comportamento predominantemente emocional de desprezo.

Acontece que desprezo é a pior emoção quando o assunto é trabalho em equipe. Como já vimos, o desprezo é uma das sete emoções básicas e diz respeito à sensação de superioridade que temos em relação a algo ou alguém ou à sensação de superioridade que adquirimos por causa de determinada coisa. Sabemos também que quando expressadas em um curto espaço de tempo, as microexpressões podem denunciar a intensidade de uma emoção. Como Wellington fazia várias microexpressões de desprezo enquanto conversávamos, foi o suficiente para entender a intensidade emocional que ele estava vivenciando, provavelmente em relação a mim.

Agora, coloque-se no meu lugar: imagine arriscar tudo o que você construiu nos últimos anos (imagem, vídeos, reputação virtual) tentando se esforçar para acatar a "proposta" de uma pessoa que já sente desprezo por você. Quais as chances desse projeto avançar de forma produtiva? Por isso, em casos como esse, a regra é clara: afaste-se de gente assim. Conforme definido por Joe Navarro e Tim Larkin, pessoas que vivenciam sensações de desprezo em nível elevado, tendendo a ações em benefício próprio na maioria das vezes, não são pessoas que tomam a iniciativa de mudar ou de reconhecer que estão erradas. Pelo contrário: como Navarro explica em *Dangerous Personalities*, a tendência é que, cada vez mais, essas pessoas culpem você pelos próprios atos de soberba ou por algum outro elemento externo. Portanto, o mais indicado por especialistas é que você se afaste.

Conforme já vimos, a microexpressão de desprezo é caracterizada por se expressar de forma unilateral, geralmente evidenciada pela contração ou elevação de um dos cantos da linha da boca (gesto também chamado de meio-sorriso).

EXPRESSÕES FACIAIS INCONGRUENTES

Incongruência, em linguagem corporal, significa que algo não está concordante com o "todo". Geralmente, quando dizemos que há uma incongruência, isso significa que algum sinal não verbal está discordante da mensagem verbalizada naquele momento. Com base nos estudos de Vrij e Lansley, entendemos que, quando estamos em situações de grande pressão ou que provocam muito o nosso interesse, podemos acabar praticando a dissimulação em prol de obter uma recompensa ou evitar uma punição. Ainda segundo os pesquisadores, tais eventos acarretariam experiências emocionais muito intensas naquele momento, o que automaticamente geraria uma necessidade de autocontrole comportamental. Essa tentativa de controlar nosso comportamento não verbal, de acordo com Lansley, é o que pode aumentar nossa carga cognitiva e emocional e nos levar ao erro, cometendo incongruências não verbais — pois, como já vimos, o mentiroso tende a se preocupar com a mensagem verbalizada e invariavelmente não consegue controlar seu comportamento não verbal.

Como ficou evidente no relato que fiz, meu interlocutor expressava desprezo ao ouvir "fatos positivos" sobre mim (meus números de audiência, meu canal, minhas certificações) e também quando verbalizava ideias positivas sobre minha pessoa ("elogiava" meu trabalho, meu canal). Sendo assim, podemos dizer que, naquele momento, ele estava sendo incongruente, fazendo elogios enquanto demonstrava uma sequência de expressões negativas. Em contextos profissionais, devemos buscar por essas incongruências, pois elas serão nosso ponto de alerta, nosso norte. Seja em uma negociação ou em uma simples conversa, devemos observar a relação entre o que a pessoa verbaliza e o tipo de expressão facial que apresenta. O foco deve ser ainda maior em situações importantes, como negociações de contrato, de preços ou de parcerias — este será o momento de tentar entender se a outra parte está, comercialmente, positiva ou negativa em relação a você. Quanto mais incongruente a pessoa for em seus gestos e suas expressões faciais, mais alerta você deve ficar.

14. Análise facial na tomada de decisões

Nem só de pegar mentiras vive o homem — observar os outros para entender se devemos ou não confiar neles é apenas uma linha de utilização da análise facial. Para você que busca se aperfeiçoar ainda mais, o treino excessivo é altamente recomendado: pratique, observe, analise! Reforçando o que já foi dito: uma ótima forma de aplicar a análise de microexpressões faciais no seu dia a dia é prestar atenção na relação entre o que a pessoa está expressando e o que ela está verbalizando, pois muitas vezes essa relação se mostrará incongruente. Em inúmeras situações, acabei mudando de ideia sobre alguém (fosse de forma positiva ou negativa) ao monitorar a face dessa pessoa. Desde uma compra até uma conversa com um potencial parceiro, ligar o modo "leitor de microexpressões faciais" no seu cérebro pode ser uma atitude bastante útil.

Ao tomar decisões importantes, você pode analisar a face das pessoas e entender se o que elas falam é concordante com o que expressam nas possíveis situações:

- confiar em alguém;

- comprar um produto;

- vender um produto;

- averiguar a confiabilidade de um produto;

- averiguar o currículo (ou histórico) de alguém;

- selecionar uma pessoa para sua equipe;

- entender quem não gosta de você na equipe;

- decidir entre se afastar ou não de alguém;

- decidir entre se aproximar ou não de alguém.

Monitorando em tempo real as reações das pessoas, você vai observar quanta informação consegue obter e como fica mais fácil detalhar os gostos das pessoas com base no que elas expressam. Será como se elas estivessem lhe dizendo o que realmente sentem, porém sem precisar abrir a boca. Muitas vezes irão falar coisas como "Nossa, mas como você sabia disso?" ou "Caramba, era isso mesmo que eu queria", e essa é apenas uma das várias consequências divertidas de aplicar a análise facial no dia a dia.

Aplicando a análise facial junto com as observações acerca da linguagem corporal, você verá resultados estrondosos na sua capacidade de conexão empática. Mas lembre-se de sempre observar o contexto antes de sair por aí compartilhando suas observações: alguns cenários não são propícios para que emoções sejam reveladas.

SITUAÇÕES PRÁTICAS

Profissional

As emoções de seus clientes: do que eles gostam no produto?
Quando estiver trabalhando na venda de um produto ou serviço, pode ser interessante mostrar várias opções ou simplesmente observar seu cliente antes de abordá-lo, pois nesse momento ele pode já estar fornecendo um feedback sem nem perceber. Por exemplo, em uma loja de roupas, o simples posicionamento corporal do cliente, junto com a expressão facial ao olhar para determinada camiseta, já pode indicar se ele gostou muito, pouco ou nada da peça. Isso já auxilia na sua abordagem.

- Observe qual das partes apresentadas na abordagem comercial mais chamou a atenção do cliente e/ou provocou emoções positivas.

- Apresente mais de uma vez o catálogo (ou opções) para o cliente a fim de confirmar qual das opções despertou sensações mais positivas.

- Observe com qual das opções o cliente tem mais contato físico (no caso de vários livros, por exemplo, ele vai pegar algum dos volumes mais vezes do que as outras opções apresentadas).

- Aborde mais e faça mais perguntas abertas para o cliente com relação à opção que você sabe (com base em suas observações) ser a preferida dele ou a que despertou emoções mais positivas.

Como abordar seus clientes: como eles estão se sentindo?

- Qual o comportamento emocional majoritário do cliente antes de ser abordado?

- Qual o comportamento emocional do cliente ao ser abordado por você?

- Evite propagar estados emocionais negativos. Caso observe algo assim, procure abordagens de "esfriamento emocional" para não irritar o cliente.

- Evite reapresentar opções pelas quais seu cliente já expressou sensações negativas: você pode quebrar a conexão com ele caso insista.

Pessoal

O que seu(sua) parceiro(a) demonstra quando está a seu lado?
Muitas vezes, negligenciamos nossa atenção em nossos relacionamentos. Alguns acham perda de tempo ou paranoia prestar atenção aos sentimentos da pessoa com quem partilham um relacionamento. Não creio que seja nada disso — acho proveitoso, até mesmo para tomarmos outras atitudes em relação à forma com que tratamos nosso(a) parceiro(a), se julgarmos necessário. Como o(a) parceiro(a) é alguém que conhecemos muito bem, fica mais fácil entender suas mudanças de comportamento, pois já decoramos sua linha de base. Portanto, aproveite esse conhecimento para entender melhor a pessoa com quem você se relaciona e decidir como agir em relação a ela. Às vezes, essa pessoa pode estar passando por um momento difícil, mas estar muito envergonhada para pedir ajuda.

- Qual o comportamento predominante quando vocês fazem coisas triviais lado a lado?

- Qual o comportamento predominante quando vocês têm relações afetivas mais íntimas?

- Qual o comportamento predominante dessa pessoa quando você está longe? O que ela aparenta sentir com amigos, familiares, conhecidos...?

- Emoções como raiva ou tristeza não são de todo negativas (quando apresentadas de forma moderada e não frequente). Converse com a pessoa, busque entender suas motivações. Fale que você entende como ela se sente sobre determinado assunto ou em determinada situação, com base nas observações que você fez.

- Procure abordar temas que trazem emoções positivas para essa pessoa, com base no conhecimento que você tem dela e nas suas observações.

- Fique alerta caso observe com frequência expressões de nojo ou desprezo. Esse pode ser um sinal vermelho de que o relacionamento está comprometido.

Quais as reações dele(a) quando vocês falam sobre determinado assunto?

- Tocar em determinado assunto deixa ele(a) desconfortável? Por quais pautas ele(a) demonstra "medo"?

- Assuntos dos quais aparentemente ele(a) não gosta de falar provocam quais emoções nessa pessoa?

- Existe algum tipo de comportamento emocional de medo sempre que você toca em algum assunto? Qual?

- Existe algum tipo de comportamento emocional de raiva sempre que você toca em determinado assunto? Qual?

- Existe algum tipo de comportamento diferenciado (seja medo, felicidade, tristeza ou qualquer outra emoção) sempre que você fala de determinada pessoa?

- Você pode entender os pontos associados à raiva nas emoções de seu(sua) parceiro(a) e procurar conversar com ele(a) sobre isso, ou até mesmo tentar ajudar com a situação. Os pontos associados a medo podem ser inseguranças de seu (sua) parceiro(a) ou até mesmo um *detection apprehension*, ou, em bom português, o medo de ser pego na mentira.

Social

Em quais pessoas do seu ciclo social você pode mesmo confiar? Saber quem ao nosso redor realmente pode ser considerado um amigo ou colega faz toda a diferença nos dias de hoje. Como a informação se espalha muito rápido por meio da internet, se você confidenciar algo para uma pessoa falsa pode ser tarde demais para evitar que ela dissemine a informação. Sem contar o fato de que, quanto antes você detectar os falsários em seu caminho, mais depressa pode se afastar deles e diminuir as chances de alguém passá-lo para trás.

- Qual o comportamento recorrente na face das pessoas ao seu redor? Sempre tem *aquele* que demonstra desprezo? Cuidado!

- Quais as reações das pessoas próximas a você quando algo dá certo em sua vida? Todos ficam felizes? E quem não fica expressa quais emoções?

- Quais das pessoas próximas a você mentem com mais frequência (mesmo em momentos ou situações em que seria desnecessário mentir)?

- Além das expressões faciais, qual estilo verbal as pessoas ao seu redor utilizam com você? Falam em tom de igualdade? Fazem elogios? Inferiorizam você?

- A recomendação dos especialistas é de se afastar de pessoas que sentem emoções negativas em relação a nós ou a coisas positivas que ocorreram em nossa vida.

O que seu interesse amoroso expressa na sua companhia?

- Como é o comportamento facial dessa pessoa quando vocês conversam?

- Quais emoções ele(a) expressa quando você se aproxima fisicamente ou toca nele(a)? Faz elogios?

- Quanto mais positivo for o feedback rápido (aquele que ocorre logo após uma ação ou comentário seu) dessa pessoa em relação a você, especialmente quando você estiver avançando com proxêmica íntima, tacêsica e afins, mais sinais de abertura ou de "avanço" ela pode estar sinalizando. Vá em frente.

- Além do feedback facial, observe a relação de iniciativa da pessoa em interagir e tocar em você. Quanto mais interesse sentimos por alguém, mais queremos interagir com essa pessoa.

- Caso observe ausência de expressões genuínas de felicidade, desinteresse ou falta de iniciativa, fique alerta: talvez você esteja se iludindo com algo que não é recíproco.

MANIPULADORES SOCIAIS

Um típico manipulador social é aquela pessoa que vê os outros como peões a serem usados para que ela (que obviamente se sente especial) consiga obter o que deseja. Infelizmente, são pessoas que não têm muita empatia (embora não possam ser consideradas psicopatas apenas por isso) e que prezam pela realização de seus sonhos e objetivos em detrimento da vida ou do bem-estar psicológico dos outros ao seu redor.

Comportamento de pessoas manipuladoras

Tais pessoas são descritas nos trabalhos de Joe Navarro como "indivíduos que se sentem em condição de superioridade e que sempre conseguem o que querem por meio da manipulação dos outros". Ou seja, vão aos poucos induzindo as outras pessoas ao caminho que elas desejam, e geralmente o resultado é algo que favorece apenas (ou quase 100%) quem está manipulando. Caso contrariado, um manipulador pode demonstrar um comportamento emocionalmente instável e muitas vezes infantil, como gritar, ofender de forma dura ou até mesmo partir para agressões físicas. E, é claro, ele nunca admite estar errado ou pede desculpas, afinal, essa pessoa sempre culpa tudo e todos, menos a si mesma.

Preste atenção nas incoerências de pessoas com esse perfil

Por serem extremamente manipuladoras, devemos prestar atenção no comportamento dessas pessoas para não acabar caindo na lábia delas. Alguns amigos já me disseram que não esperavam passar por isso, pois quem os manipulou era "um amigo", "um conhecido" ou simplesmente alguém muito próximo. Quando perceberam, já era tarde demais. Apesar de carismáticos e, geralmente, focados em criar laços íntimos com seus alvos, os manipuladores sociais são bastante incoerentes — e isso pode denunciá-los.

Existe muita literatura sobre o assunto, por isso iremos analisar brevemente as relações sociais e profissionais envolvendo pessoas manipuladoras. Lembre-se da recomendação dos especialistas: "Ao identificar pessoas assim, afaste-se!".

O termo "amigo da onça" descreve bem o tipo de incongruência que alguém demonstra quando não deseja o bem de outra pessoa na carreira (e muitas vezes na vida pessoal também). Em geral, é uma pessoa que aparenta ser próxima de você, alguém do seu convívio diário ou que o conhece faz um bom tempo. Porém, caso veja que você está se dando bem, ela torce contra! Ou, se puder, atrapalha seu sucesso, muitas vezes pelas suas costas. Para detectar esses amigos da onça, precisamos observar se essa relação de "parceria" e "colaboração" está alinhada com nosso progresso e desenvolvimento.

- *Geralmente, esse tipo de pessoa expressa emoções incongruentes em momentos positivos para você:* quando você recebe uma promoção ou um elogio dos seus superiores, ou quando você consegue algum benefício e se dá bem. Basta observar com atenção essas pessoas durante seus momentos positivos e ver o que elas expressam. Se você comunicar uma promoção ou um grande feito profissional e ela verbalizar algo genérico, como "Nossa... surpreendente" enquanto exibe uma compressão em um dos cantos dos lábios (desprezo), você já detectou seu falsário.

- *Quando estiver analisando esse tipo de situação em relações profissionais, lembre-se também de que a máscara facial mais utili-*

zada para esconder emoções negativas é o sorriso! A pessoa pode muito bem tentar fingir abrindo um largo sorriso. Cabe a você observar se o sorriso dela é genuíno, de felicidade, ou se é falso! Além da assimetria do sorriso, que pode revelar uma expressão de desprezo (um dos cantos geralmente mais elevado que o outro), há também a configuração facial de um sorriso falso (ou social) e de um sorriso genuíno (em que a pessoa realmente está sentindo felicidade). Vamos dar uma olhada na tabela a seguir para definir essa diferença de forma objetiva.

Diferenças entre os sorrisos

TIPO DE SORRISO	BOCA	OLHOS	DURAÇÃO
Sorriso social	Geralmente apresenta a forma de um sorriso, com os cantos dos lábios puxados para o lado e para cima. Porém, apresenta *assimetria na linha da boca.*	Não estarão muito fechados e geralmente *não apresentarão compressão palpebral* (ou o enrugamento conhecido como pés de galinha).	Duração demasiado longa para um sorriso espontâneo. Estima-se que um sorriso social dure (em seu ápice de contração) *entre 3 e 6 segundos.*
Sorriso genuíno	Geralmente apresenta a forma de um sorriso, com os cantos dos lábios puxados para o lado e para cima. Porém, apresenta *simetria entre os dois lados do rosto.*	Estarão mais fechados e apresentarão compressão na região palpebral: *a musculatura orbicular vai "contrair" os olhos a ponto de observarmos os chamados pés de galinha ao redor.*	Duração média de uma microexpressão facial, tendo seu ápice observável no rosto entre *0,5 e 1,5* segundo.

Sinais de que você pode estar convivendo com manipuladores sociais

Muitas vezes podemos ter dificuldade para entender se uma pessoa é ou não manipuladora conosco, e podemos acabar ficando incomodados com a rotina diária e até com nós mesmos pela forma como somos tratados por ela. Acontece que muitos especialistas da área da saúde fazem pesquisas com vítimas de manipuladores sociais para entender melhor as sensações e experiências mais comuns provocadas em quem é manipulado por uma pessoa assim. Uma renomada clínica de reabilitação, chamada Peak Recovery, gerou uma espécie de guia de indicadores de manipulação, criados para ajudar as pessoas a discernir se estão ou não na presença (ou no convívio) de um manipulador social.

Preste atenção nos sinais a seguir e pense na sua vida e nas pessoas próximas a você. Os manipuladores sociais:

- Não admitem ter culpa em situações ruins ou quando algo dá errado.

- Responsabilizam os outros e até mesmo você pelos erros na própria vida.

- Fazem você se sentir mal, envergonhado(a) ou culpado(a) por algo.

- Ficam enraivecidos quando são questionados ou contrariados.

- Jogam eventos do passado na sua cara a fim de vencer discussões.

- Se fazem de vítima e nunca aceitam que estão errados.

- São emocionalmente instáveis, parecendo uma bomba--relógio.

- Não demonstram preocupação com você ou com seus problemas.

- Falam mal de você pelas costas.

- Gostam de ser o centro das atenções, adoram uma plateia.

- Deixam você diariamente com medo, raiva ou desconforto.

- Fazem ameaças muitas vezes exageradas para a situação.

- Apresentam-se como heróis que apenas tentam "te ajudar".

- Comentam publicamente sobre seus defeitos e erros.

- Cometem ou já cometeram agressão física contra você.

Essa lista deve ser observada com cautela para não cometermos erros de interpretação com alguém próximo e acabarmos julgando-o erroneamente. Porém, caso perceba muitos desses sinais em uma mesma pessoa, e caso sinta que ela com frequência lhe causa mal, tome cuidado. Converse com um amigo ou familiar sobre como você se sente em relação à pessoa e, se possível, afaste-se dela.

A FELICIDADE DA DESGRAÇA ALHEIA: *SCHADENFREUDE*

Já que abordamos pessoas manipuladoras e as diferenças entre um sorriso social e um sorriso genuíno, precisamos falar também sobre outra situação na qual uma emoção incongruente pode aparecer.

Creio que você já deva ter assistido ou ouvido falar em *Castelo Rá-Tim-Bum*, uma série infantojuvenil exibida no canal TV Cultura durante os anos 1990. Nessa série, em formato similar ao de *sitcoms* famosas, acompanhávamos a rotina de Nino, um "jovem" morador de um castelo mágico, e seus amigos Biba, Zequinha e Pedro, além do divertidíssimo tio Victor. Nessa série, também tínhamos o malvado doutor Abobrinha, que sempre tentava armar um plano mirabolante para dominar o castelo. Tente se lembrar da reação que ele apresentava ao proferir seu famoso bordão: "Esse castelo ainda será meu!". Normalmente, após dizer isso ele gargalhava de felicidade para, no instante seguinte, voltar a um tom sério e uma face plácida enquanto enganava os moradores do castelo, afirmando ser algum técnico (ou qualquer outra coisa que lhe permitisse entrar na propriedade) e executando seu plano maligno. Fato é que, enquanto o doutor Abobrinha tramava algo contra os moradores do castelo, ele se sentia feliz. Porém, quando estava na presença das pessoas que ele deveria enganar, esse riso era contido ou mascarado, dando lugar a uma face neutra ou séria. É exatamente esse tipo de expressão incongruente que pode ocorrer em situações profissionais quando alguém está "tramando" algo contra você (ou apenas pretendendo não lhe prestar apoio).

A felicidade genuína, conforme descrita nas pesquisas de Paul Ekman, resume-se a um aglomerado de *sensações prazerosas* (como ele mesmo descreve em *Emotions Revealed*). Sendo assim, não necessariamente a felicidade estará sempre associada a algo "bom".

Nessas pesquisas, é descrita também uma experiência de felicidade chamada *Schadenfreude*. Essa sensação ocorre, segundo Ekman, quando experimentamos a felicidade por ver alguém de quem não gostamos se dando mal, assim como o doutor Abobrinha gargalhando de felicidade ao ver que os moradores do castelo estão sendo enganados e quase perdendo a posse do lugar onde moram. *Schadenfreude* é, literalmente, a felicidade em ver a desgraça alheia, e, antes que você pergunte, não, não são apenas psicopatas que sentem isso. Quando você possui um concorrente profissional e ele não obtém o mesmo desempenho que você, é comum sentirmos uma espécie de alívio, ou seja, felicidade em ver que ele não se deu tão bem quanto nós. Isso não faz de você uma pessoa ruim: as emoções apenas se expressam, quem faz o juízo de valor sobre elas somos nós mesmos.

Em situações cotidianas, é interessante observar o que as pessoas próximas (sobretudo em seu ambiente profissional) expressam quando você está passando por momentos ruins. Seja uma dificuldade profissional ou pessoal (algo que o atrapalhe no trabalho), repare em qual expressão facial essa pessoa demonstra quando lhe presta solidariedade. Alguém que diz "Poxa, sua esposa te deixou? Caramba, que ruim! Eu imagino como você deve estar mal" enquanto expressa um minúsculo sorriso de felicidade genuína provavelmente não sente empatia por você. Se alguém demonstra repetidas vezes expressões de felicidade enquanto estamos sofrendo um prejuízo, provavelmente essa pessoa não possui empatia conosco — e, do ponto de vista da pessoa não empática: quando eu não tenho a capacidade de me solidarizar com uma pessoa, dificilmente vou me preocupar com ela, e consequentemente farei o que for preciso para atingir apenas meus objetivos, mesmo que eu tenha que tirar alguém do meu caminho.

Companheirismo no trabalho

Durante a Segunda Guerra Mundial, em uma operação para livrar a Itália da ocupação das tropas alemãs, os soldados norte-americanos que conseguissem passar pela ofensiva inimiga ao chegar no litoral italiano através das praias de Anzio e Nettuno (episódio que ficaria conhecido como Operação Shingle) teriam de partir rumo a Cisterna para quebrar a ofensiva alemã e afastar as tropas, podendo reunir os exércitos dos Aliados em Roma. Uma dessas pequenas unidades era liderada pelo sargento Sylvester Antolak, de vinte e sete anos. Após conseguir atravessar (com algumas baixas) o caminho pela praia de Anzio, Sylvester e sua tropa partiram na direção de Cisterna. A unidade de soldados parou para descansar, comer alguma coisa e fazer as devidas manutenções do equipamento.

Sylvester era descrito como diferente da maioria dos líderes de guerra.[1] Não era alguém que apenas dava ordens ou fazia aquele velho discurso motivacional clichê: ele contava suas intimidades para a tropa, fazia-os rir de suas desavenças quando menino e, mais do que isso, sempre priorizava o laço de irmandade que tinha com seus soldados, pois fazia questão de lhes dizer o quanto eram importantes. Tal comportamento foi essencial quando, nesse mesmo dia 24 de maio de 1944, ele e sua tropa foram emboscados pelos inimigos com metralhadoras no caminho para Cisterna. O ataque era implacável, e a posição das tropas alemãs muito favorável. A unidade americana estava prestes a desistir ou até mesmo se entregar quando Sylvester tomou uma atitude em prol de seus companheiros: correu em direção às trincheiras com seu fuzil em punho, disparando contra os alemães. Foi alvejado várias vezes e teve seu úmero estilhaçado, mas mesmo assim se levantou três vezes e continuou correndo, com o fuzil debaixo da axila esquerda.

A ação em benefício de seus companheiros fez com que toda a tropa criasse coragem e motivação para avançar, o que acabou lhes garantindo a posição e a rendição dos soldados alemães que restavam nas trincheiras. Sylvester Antolak morreu logo após vencer os soldados alemães. Ele recebeu a medalha de honra Coração Púrpura, o mais alto reconhecimento militar oferecido pelos Estados Unidos. Sylvester era alguém que se interessava pela vida pessoal de seus soldados, que fazia elogios com frequência, prestava encorajamentos e, o principal, demonstrava sua positividade através de sorrisos sinceros dirigidos aos colegas de trabalho.

Na contramão da sensação *Schadenfreude*, temos as sensações positivas que sentimos quando alguém próximo de nós se sai bem. Esse tipo de sentimento ocorre de forma encorajadora, tanto em nossa relação com essa pessoa quanto em nossa capacidade de sentir empatia pelos outros. Muitos praticantes de esportes em equipe processam essa sensação quando algum de seus companheiros marca uma pontuação. Se você já disputou uma partida de basquete, vôlei, handebol ou futebol, sabe na pele a felicidade explosiva que ocorre quando um amigo do seu time marca aquele ponto decisivo no jogo — é quase como se fosse você a marcar ou ganhar o ponto.

Essa sensação pode ser observada pelas expressões de felicidade genuína (geralmente em elevada intensidade de contração muscular), por um aumento repentino no fluxo de tacêsica (a frequência com que a pessoa toca em você) e pela diminuição entre a proxêmica de vocês (a pessoa tende a chegar fisicamente mais perto durante momentos de companheirismo), além, é claro, das mensagens positivas verbalizadas nessas ocasiões. É similar àquela situação entre amigos quando alguém da turma faz um comentário engraçado e os outros se aproximam da pessoa, rindo de felicidade e murmurando algo como "Mandou bem!" enquanto tocam as mãos em um sinal de felicidade e companheirismo.

Isso também pode ocorrer no ambiente corporativo ou profissional. Observe se, durante seus momentos positivos, aquela pessoa próxima sorri de forma realmente genuína, ou então se aproxima e toca em você a fim de parabenizá-lo pela conquista. Caso perceba esses comportamentos, é recomendado que você reproduza os mesmos gestos (de forma espelhada) quando essa pessoa obtiver algum tipo de conquista ou marco positivo — é importante estimular comportamentos de companheirismo, especialmente em ambientes profissionais. Afinal, já dizia o sábio ditado: todos nós juntos podemos chegar mais longe do que o melhor de nós sozinho.

Em geral, tanto o companheirismo quanto a competividade podem ocorrer no ambiente de trabalho, e é sempre bom ficar alerta com relação às pessoas ao redor para fazer sua seleção pessoal, separando aqueles em quem você confia daqueles que você crê ser melhor se afastar.

FELICIDADE GERA VENDA, QUE GERA FELICIDADE

Além de a felicidade (ou a ausência dela) desempenhar um papel muito relevante no ambiente intracorporativo, ela também tem um peso enorme quando falamos sobre vendas e clientes, principalmente por causa de uma palavrinha chamada "satisfação". Pesquisadores na área de marketing de vendas, como Chauvel e Goulart,[2] mostram em suas pesquisas que algumas pequenas ações podem proporcionar uma experiência muito mais satisfatória ao cliente, aumentando as chances de se obterem benefícios para além da simples venda: por exemplo, um cliente satisfeito com sua compra está propenso a comprar outra vez no mesmo local (e com o mesmo vendedor). Outro ponto levantado é que um cliente satisfeito tem uma tendência maior a comentar sobre sua compra para outras pessoas e, indiretamente (ou diretamente), acabar fazendo propaganda gratuita para o estabelecimento onde foi atendido. Assim, um vendedor que gerou satisfação em um cliente ficará muito mais feliz ao fortalecer a imagem de sua empresa e receber futuras demandas de clientes já atendidos por ele — é uma relação do tipo ganha-ganha. Para trazer ainda mais uma informação curiosa e encorajar quem trabalha com público ou com vendas a mirar na satisfação do cliente, observe os dados fornecidos pelos pesquisadores Rossi e Braga com relação a essa tal satisfação do cliente:[3]

A conquista de novos clientes pode custar de cinco a dez vezes mais do que a satisfação e retenção dos atuais clientes:
- Em média, as empresas perdem de 10% a 20% de seus clientes por ano.
- Uma redução de 5% no índice de perda de clientes pode aumentar os lucros em algo entre 25% e 85% dependendo do setor de atividade.
- A rentabilidade dos clientes tende a aumentar ao longo do ciclo de vida dos clientes retidos.

Observando tais dados, é possível compreender a relevância de buscar estados mais positivos, como a felicidade ou a satisfação (que é uma camada da emoção de felicidade), enquanto estiver se comunicando, atendendo ou vendendo. Um detalhe muito legal é também prestar atenção ao processo de pós-venda — essa assistência que algumas empresas prestam mesmo após ter fechado negócio são fatores que potencializam a chance de reter um cliente. Mas e quando a satisfação não ocorre? O que podemos perder enquanto vendedores ou comerciantes/prestadores de serviços?

Recentemente, comprei minha primeira moto esportiva (uma 400cc). Pesquisei muito antes de fazer essa aquisição: estudei sobre o estilo da moto, suas funções, a capacidade de realizar eventos como o Track Day, os custos com manutenção, as diferenças da condução convencional... Enfim, tentei me munir de informações antes de comprar, mas ainda assim me sentia ansioso, fosse pelo valor do veículo, fosse pelo receio de começar a andar de moto logo com uma esportiva, fosse pelo medo de não gostar — eram muitas dúvidas.

Comecei as tratativas com um vendedor logo após ligar para a loja. Esse vendedor foi muito simpático, deixando bem claro que entendia minhas dúvidas e respondendo a todas calmamente, sempre apresentando soluções e focando nos pontos positivos da minha aquisição. Fiz uma negociação rápida e ainda consegui um desconto bacana. Falei que iria comprar com ele, em sua loja, e ele me confirmou algumas informações, mas disse ter averiguado o sistema e visto que já existia uma solicitação minha no banco de dados. Informei a ele que sim, que eu já havia solicitado um orçamento pelo site da loja, mas que, como ninguém me retornou, eu tinha decidido entrar em contato. Foi quando ele me aconselhou a finalizar a compra com o vendedor responsável pelos atendimentos on-line. Ele disse que não tinha problema algum, que já estava passando o caso para esse vendedor e que eu poderia fechar negócio tranquilamente. Concordei e, alguns segundos depois, recebi uma mensagem desse novo vendedor, que vamos chamar de Bóris.

Conversei com Bóris, disse que iria comprar a moto, que já tinha conversado com o Reinaldo por telefone e que só precisava da proposta de compra. Bóris respondeu secamente, fazendo uma "afirmação falsa" (uma técnica muito usada em negociações, basicamente feita para induzir a outra parte a aceitar algo que você deseja sem que ela perceba. A pessoa acaba concordando para não quebrar o fluxo de conversação). Eu havia negociado a moto por um valor X com o Reinaldo. Porém, Bóris respondeu: "Ok, vou fazer a proposta para a sua moto no valor Y, um minutinho". Eu entendi que podia ser um erro de comunicação e corrigi esse dado, dizendo que já havia negociado com o outro vendedor e chegado ao valor X. Ao que ele me disse: "Amigo, nesse valor eu não tenho a moto na cor que você quer (preta). Eu só tenho na cor verde ou branca".

Comecei a ficar incomodado e parei de responder às mensagens. Após alguns minutos, Bóris retornou, dizendo "milagrosamente" ter descoberto uma moto na cor preta no estoque e já estar montando a proposta pelo valor que eu negociara previamente. Confirmei os dados e, ainda incomodado com a tentativa (frustrada) dele em me induzir a uma compra mais cara, segui em frente. Ao chegar na loja no dia seguinte, vi a moto e fui animado falar com o vendedor. Porém, Bóris estava ao telefone e me pediu para esperar (detalhe: ele levou meia hora apenas para me cumprimentar). Ele não me explicou quase nada sobre o funcionamento da moto (diferente do que presenciei com outros vendedores ao meu redor no estabelecimento) e não fez um único comentário positivo sobre o veículo. Pelo contrário, ele me disse algo como:

"Sua primeira moto é uma esportiva dessas? Cuidado para não cair, hein?". Além de tudo isso, Bóris ainda digitou meu nome errado no documento de compra, o que me impossibilitou de fazer o emplacamento no dia seguinte (precisei esperar a nota de retificação da loja, digitando meu nome corretamente). Eu me senti muito mal atendido.

Conclusão desse caso: ao tratar com o primeiro vendedor, fiquei realmente animado e feliz. Ainda ao telefone, comentei que tinha interesse em comprar capacete, luvas e jaqueta da mesma marca da minha moto, para assim ficar visualmente padronizado (e de fato eu iria fazer isso). Comentei que compraria com ele, na loja dele, para ajudá-lo. Porém, além disso, algo que ele não sabia é que eu iria fazer uma surpresa no ato da compra: eu iria revelar que tenho uma base grande de público na internet e, sem cobrar nada, graças ao bom atendimento e ao desconto oferecido, iria divulgar a loja e o nome do vendedor para meus seguidores (que somavam quase quatro milhões na época). Eu tinha me sentido realmente feliz durante o processo de compra da moto, tratando com ele, e queria retribuir essa felicidade. Porém, foi tudo por água abaixo com o segundo (e péssimo) vendedor. Não comprei nem um parafuso a mais do que já veio na minha moto, e nunca recomendo a loja para ninguém quando me perguntam onde comprei meu veículo. Ainda pior: na minha vida pessoal, quando me perguntam por que não compro nada lá, eu conto essa mesma história, afastando potenciais consumidores da loja e daquele vendedor. Por uma questão de ética e filosofia pessoal, decidi não emitir uma opinião pública nomeando a loja ou o vendedor, pois, embora eu pudesse fazer isso na condição de cliente insatisfeito, não gostaria de influenciar uma atitude que poderia prejudicar as condições de subsistência do sujeito.

Porém, fica a lição: seja gentil e pense em proporcionar satisfação e felicidade, especialmente se você estiver realizando uma venda. Afinal de contas, podemos obter benefícios inimagináveis se construirmos um momento de experiência positiva para nossos clientes. Muitas vezes, o simples fato de você sorrir de volta e fazer um comentário positivo pode trazer benefícios muito maiores do que apenas a comissão de uma venda. Fique alerta ao que seu cliente está expressando.

Aqui vão algumas dicas que podem ajudar durante uma venda, visando ao processo de satisfação mútua numa relação ganha-ganha entre você e seu cliente.

- **Atenção às três fases da compra:** É compreendido por alguns pesquisadores que o cliente passa por pelo menos três fases durante uma compra. São elas: a pré-compra, a compra e a pós-compra. Veja como você pode abordar o cliente visando a satisfação em cada uma dessas fases.

- **A fase pré-compra:** É quando o consumidor avalia as alternativas que possui e tira dúvidas sobre as opções que lhe são apresentadas.

  - *Como agir*: Esse é o momento de criar empatia com o cliente. É interessante demonstrar *sorrisos genuínos* e fazer *contato visual* ao abordá-lo (ou, pelo menos, não abordar o cliente de cara fechada). Vale a pena fazer uso de *perguntas abertas* e *elogios sinceros* antes de focar no produto. Lembre-se de ouvir o que o cliente está falando — ele é sua principal fonte de informação para gerar um diálogo bacana e empático.
  - *Objetivo dessa fase*: Criar aproximação com o cliente, criar laços.

- **A fase da compra:** É quando o cliente efetua a compra propriamente dita após escolher a alternativa que mais o agrada.

  - *Como agir:* Esse é o momento de utilizar a relação positiva estabelecida com o cliente e começar a guiá-lo em direção à compra. Nessa fase, vale a pena usar a estratégia verbal de *indução*. Também é bom usar o *espelhamento gestual* para lembrar ao cliente que vocês são "iguais" (pode-se fazer uso também do *espelhamento verbal*, resgatando alguma palavra-chave ou gíria dita pelo cliente, ou então repetindo algum assunto que ele abordou na fase inicial/pré-compra). Nesse momento, devemos focar em *fazer nosso cliente agir* em direção ao produto. Então devemos dar atenção ao que estamos vendendo e explicar seus pontos positivos, assim como encorajar pequenas ações por parte do cliente (como pegar, mexer e até experimentar o produto).
  - *Objetivo dessa fase:* Usar o laço de amizade criado com o cliente para guiá-lo e ajudá-lo a efetuar a compra. Suprir dúvidas finais e explicar os benefícios do produto que nosso cliente-amigo está adquirindo.

- **A fase pós-compra:** É quando o cliente analisa a experiência de consumo do produto ou serviço escolhido e avalia sua sensação de satisfação (ou insatisfação).

  - *Como agir:* Nesse momento, devemos lembrar que a compra ainda não acabou. Não devemos menosprezar a fase pós-compra, pois é ela que vai garantir nossa venda de amanhã (ou um cliente novo, recomendado por este que já está satisfeito). Podemos (com prudência) realizar *pequenos toques em zonas neutras* (como um tapinha no braço) do cliente para demonstrar afeto e, de certa forma, um agradecimento de nossa parte. É interessante também fazer novos *elogios sinceros*, porém, dessa vez, ressaltando os benefícios do cliente que agora tem nosso produto. Por fim, podemos terminar com mais uma sessão de *perguntas abertas* caso o cliente tenha novas dúvidas (e é bom lembrá-lo de que ele sempre pode nos contatar futuramente para esclarecer quaisquer dúvidas que surgirem).

○ *Objetivo dessa fase*: Consolidar a sensação de satisfação do cliente. Lembrá-lo de que, por ter comprado conosco, ele agora está em uma zona positiva e satisfatória. Agradecer-lhe por ter comprado conosco.

DE OLHO NO CLIENTE

Em negociações, ou quando estiver conversando com algum potencial cliente, observar expressões genuínas de felicidade pode nos ajudar a entender melhor o gosto daquela pessoa. Se você trabalha com vendas, será um ponto fortíssimo saber do que o cliente realmente está gostando entre as várias opções que ele tem para escolher. Você pode começar sua negociação ou abordagem de venda de forma-padrão:

um sorriso genuíno, uma conversa com perguntas abertas e tentar escutar a outra pessoa. Em determinado momento, você pode começar a fazer suas sugestões profissionais (uma peça de roupa, um objeto, um tipo de imóvel, um tipo de plano de prestação de serviços ou o que for que você esteja vendendo). Enquanto estiver sugerindo os itens para a pessoa, observe como ela reage a cada uma das opções: ela pode expressar desprezo por algumas e indiferença por outras. Porém, ela deverá expressar momentaneamente uma felicidade genuína quando a "escolha especial" aparecer. Observe com atenção esse momento: geralmente, ele é caracterizado pela expressão de felicidade antecedida por uma expressão de surpresa (olhos arregalados e abertura da boca). Após sorrir, essa pessoa pode expressar uma inclinação corporal maior na direção do produto e até um aumento no fluxo de toque, indicando para você, que está vendendo, que ela deseja ter mais contato com aquilo. Ou seja, ela está dando o norte de que deseja obter mais daquilo: se for um objeto, você pode deixar que ela o segure, que sinta o aroma e a textura e que visualize as cores. Enfim, cabe a você seguir a abordagem nesse sentido, sempre observando o feedback facial que a pessoa oferece a cada opção apresentada.

Identificando a felicidade

Vamos relembrar a análise da microexpressão facial de felicidade para que você possa prestar atenção nela ao interagir social ou profissionalmente. Enquanto conversa com uma pessoa, procure ver sobre quais tópicos ela demonstra estar mais feliz e concentre sua abordagem neles para, assim, maximizar um momento positivo.

Como já comentamos, a felicidade é uma emoção facilmente reconhecível por ter uma forma de apresentação muito específica. Na face inferior, podemos observar a boca com formato de sorriso, com os cantos dos lábios sendo puxados em diagonal para cima. Os lábios podem estar separados ou juntos, sendo que a primeira opção tende a ocorrer com a arcada dentária superior à mostra. Na face superior, podemos observar uma saliência de pele na região das bochechas (por conta da contração do músculo zigomático maior, que puxa os cantos dos lábios para cima). Na região orbicular (ao redor dos olhos), podemos observar contrações que produzem rugas horizontais ou transversais, dispostas na porção de pele lateral aos olhos (os pés de galinha), além do estreitamento dos olhos por conta das pálpebras.

Nesta imagem, temos um exemplo claro de felicidade genuína. Observe que a boca do rapaz está arqueada em formato de sorriso. As bochechas estão bem arredondadas, evidenciando a ação do músculo zigomático maior. Em volta dos olhos, observamos os pés de galinha, junto com o estreitamento dos olhos por causa da compressão palpebral. Esta foto representa o trecho de um vídeo em que gravei um amigo assistindo a vídeos de estímulos emocionais (de várias emoções diferentes). Em situações reais, a expressão que você deve observar quando a pessoa realmente fica feliz é uma variação desta foto.

OBSERVE OS SINAIS NO SEU DIA A DIA

Como vimos, para observadores atentos são inúmeras as situações em que os sinais corporais podem aparecer e dar um significado totalmente diferente ao rumo de uma conversa.

Já entendemos que nossa linguagem corporal pode afetar o ambiente e as pessoas à nossa volta, assim como a linguagem corporal dos outros pode nos mostrar qual a afetividade ou o interesse de cada pessoa naquele momento. Dito isso, separei um pequeno resumo dos sinais que observamos nos últimos capítulos para que você possa consultar de forma rápida antes de reuniões ou outras situações profissionais e pessoais.

Lembre-se apenas de que, ao usar a lista a seguir, é necessário:

- Ter em mente o contexto da situação.

- Observar com atenção.

- Observar mais de um sinal.

CANAL	SINAL	POSITIVO	NEGATIVO	DICA
Verbal	Nome de seu interlocutor	Chamar alguém pelo nome.	Esquecer o nome da pessoa, dizer um nome errado, não dizer o nome da pessoa.	Caso esqueça o nome, pergunte como você pode chamá-la: algum apelido ou outra forma? Muitas vezes, a própria pessoa acaba falando "Pode me chamar só de (nome) mesmo".
Verbal	Estilo verbal	Espelhar o estilo da pessoa, seja formal ou informal.	Falar de maneira contrária ao estilo que a pessoa está acostumada.	Espelhar gírias e outras palavras--chave ditas pelo interlocutor pode ajudar a produzir uma sensação empática.
Verbal	Confronto verbal	Evitar o confronto verbal, usar o Aikido da Opinião.	Confrontar de forma direta uma opinião contrária à sua, reafirmando ainda mais a sua discordância.	Procure não usar palavras como "eu" ou "você", para assim evitar associar diretamente ideias negativas ou discordâncias.
Verbal	Falar pouco ou falar muito	Fazer comentários na mesma medida que seu interlocutor, sem falar mais ou menos que ele.	Ficar em silêncio, não dizer nada após um comentário ou opinião do seu interlocutor ou falar mais que seu interlocutor, monopolizando a conversa.	Procure expressar um feedback com conteúdo (não precisa falar por horas, mas é interessante não ser uma pessoa monossilábica).

CANAL	SINAL	POSITIVO	NEGATIVO	DICA
Verbal	Perguntas abertas	Fazer perguntas abertas.	Perguntar apenas de maneira fechada.	Pergunte de forma aberta, preste atenção na resposta e então continue o assunto com base nas respostas do seu interlocutor.
Verbal	Elogiar e criticar	Elogiar ou criticar com conteúdo e profundidade.	Críticas fracas e pedantes com frequência ou elogios genéricos.	Preste atenção a algo importante na história de seu interlocutor e enfatize esse aspecto com um elogio.
Proxêmica (corporal)	Aproximar--se de seu interlocutor	Avançar na medida que seu interlocutor permitir.	Ficar com o corpo colado em seu interlocutor a ponto de incomodá-lo ou distante a ponto de a pessoa sentir que você não tem interesse.	Aproxime-se de seu interlocutor e observe se ele está incomodado, se está gostando ou apresentando uma postura neutra.
Oculésica (corporal)	Direção do olhar e direção do corpo	Olhar para o interlocutor com o corpo virado para ele.	Desviar o olhar ou virar o corpo na direção oposta à do interlocutor.	Olhe para seu interlocutor enquanto vocês conversam, deixando o corpo levemente virado na direção dele.

CANAL	SINAL	POSITIVO	NEGATIVO	DICA
Facial	Expressão de desprezo	Não expressar desprezo quando o momento for positivo para ambos os participantes da interação.	Expressar desprezo repetidas vezes, especificamente em momentos positivos para seu interlocutor.	Sorria ao falar com seu interlocutor e tente utilizar o sorriso como máscara social ou observe a expressão das pessoas próximas em momentos positivos para você
Facial	Expressão de felicidade	Expressar felicidade (de forma genuína) durante uma interação e especialmente em motivos positivos para seu interlocutor.	Expressar felicidade em momentos negativos para seu interlocutor ou expressar um sorriso falso/ social.	Tente se colocar no lugar do seu interlocutor, ter empatia e sentir que as conquistas dele reverberam diretamente em você. Sempre mantenha um sorriso no rosto.

Conclusão

Agora que chegamos ao fim desta obra, podemos refletir sobre o que entendemos nessa jornada de estudos sobre comportamento não verbal. Afinal, talvez você tenha comprado este livro pensando em aprender "os sinais para pegar mentirosos" e "os sinais da sedução", ou talvez por conhecer meu trabalho em outras mídias — mas o importante é entender que a linguagem corporal não é algo "meu" (Vitor) ou de qualquer outro profissional, e muito menos uma área capaz de ser resumida em um simples dicionário de sinais. Como vimos, o comportamento não verbal é uma forma de comunicação muito primitiva e que tem relação direta com nosso estado emocional, nossos sentimentos e nossas intenções em relação a algo ou alguém, e que, se aplicada corretamente, pode ser interpretada de forma universal. Após anos de esforço de pesquisadores sérios, a maioria deles advindos da área da saúde mental ou da sociologia, foram estruturados modelos mais concretos e com resultados mais assertivos acerca da intenção emocional de alguém ou da possível dissimulação que uma pessoa pode estar desempenhando com base na observação de sua linguagem corporal.

Tais estudos estipularam algumas regras — como a necessidade de se registrar a linha de base antes de realizar uma análise, observar o contexto antes de apenas identificar os sinais e também observar conjuntos de sinais não verbais em vez de ficar caçando separadamente um ou outro indicativo para afirmar se alguém mentiu ou não. Tudo isso foi pensado para evitar que cometêssemos erros de interpretação e acabássemos sendo injustos em nossas análises. É também por isso que vários pesquisadores realçam a importância de termos autoconsciência durante uma análise, entendendo nossos estados emocionais e nossas verdades pessoais a fim de analisar apenas com base na técnica, e não seguindo nossos vieses. Pois, como vimos no caso do erro de Otelo, uma análise totalmente enviesada pode causar enormes prejuízos para todos.

Portanto, caríssimo(a) leitor(a), crendo que você vai reler as explicações teóricas sobre a análise não verbal contidas neste livro, assim como verá os inúmeros exemplos e estudos de caso que demonstramos aqui, desejo-lhe uma boa sorte em suas futuras empreitadas não verbais! Que você possa desenvolver em sua vida profissional os meios de comunicação mais eficazes e obter os melhores resultados em gerenciamento de equipe, conexão empática e liderança. Que você possa fechar negócios proveitosos, entendendo com propriedade quais comportamentos faciais as pessoas com quem você negocia (ou para quem vende) estão demonstrando. Mais do que isso: que, assim como a lista infindável de pesquisadores citados neste projeto, você possa estreitar seus laços de forma eficaz por meio da comunicação coerente, identificando pessoas nocivas através de observações não verbais preventivas antes que tais indivíduos lhe causem qualquer tipo de mal. Como lido com trabalhos mais associados ao campo jurídico, posso afirmar a evolução em meus exames e minhas investigações depois que comecei a aplicar os conhecimentos não verbais de forma multicanal (o protocolo SCANS), confirmando, mais de uma vez, as precisões em detecção de mentiras (acima de 80%) estipuladas por Lansley ou Aldert Vrij.

Desejo ainda que você tenha se motivado tanto nessa jornada que seja capaz de nos ajudar (digo isso também como pesquisador da área não verbal) a desbravar novos caminhos no campo da linguagem corporal. Entender novos comportamentos e compreender melhor as limitações da análise não verbal, levando em conta as influências culturais e sociais, como tem feito magnificamente a doutora e pesquisadora Juliana Negrão em seu projeto FABS, que futuramente se tornará uma biblioteca de códigos faciais tão bem desenvolvida que será capaz de ajudar muitos pais, pedagogos e outros tantos a entender melhor as emoções das crianças e talvez até a evitar situações prejudiciais para os pequeninos.

Ver o comportamento não verbal sendo mais estudado, desmistificado e tratado como o que de fato é — uma ciência em expansão — é o que me motiva cada dia mais a continuar estudando e fomentando a discussão sobre essa área. E, como a essa altura já me sinto um pouco íntimo de você, caro(a) leitor(a), confesso que ter participado deste projeto e ter sido capaz de falar sobre algo tão presente em minha rotina foi ao mesmo tempo desafiador (assim como falar de um assunto já internalizado em sua mente costuma ser) e reconfortante — muitas memórias dos meus primeiros cursos e formações nessa área me fizeram uma visita enquanto eu escrevia este projeto. Quantas vezes procurei por informações, sem encontrar nada em língua portuguesa, nenhum artigo científico, no máximo lendo comentários na web de pessoas que afirmavam já ter lido uma parte ou outra dos livros originais em inglês... e hoje pude falar sobre vários elementos não verbais com propriedade e conhecimento do tema, e ainda em minha língua nativa.

Sinto-me realizado, e espero do fundo do meu coração que a obra que você tem em mãos agregue mais conhecimento na sua vida e propicie a você melhores condições para suas tomadas de decisão! Um abraço sem proxêmica íntima, a gente se vê por aí.

Notas

PREFÁCIO [pp. 7-10]

1. Wiseman et al., "The Eyes Don't Have It: Lie Detection and Neuro-Linguistic Programming", 2012.

1. LINGUAGEM CORPORAL É O ESTUDO DE "DETECÇÃO DE MENTIRAS"? [pp. 17-26]

1. Kaminski et al., "Human Attention Affects Facial Expressions in Domestic Dogs", 2017.
2. Carney, Cuddy e Yap, "Power Posing: Brief Nonverbal Displays Affect Neuroendocrine Levels and Risk Tolerance", 2010.
3. Haggard e Isaacs, "Micromomentary Facial Expressions as Indicators of Ego Mechanisms in Psychotherapy", 1966.
4. Ekman, "Silvan Tomkins and Facial Expression", 1995.
5. Ekman, "Universal Facial Expressions of Emotions", 1970; Ekman e Friesen, "Constants Across Cultures in the Face and Emotion", 1971; Ekman, "Universals and Cultural Differences in Facial Expressions of Emotions", 1972.

2. TEM ALGO DE ERRADO COM ESSA MÃE [pp. 27-41]

1. Weil e Tompakow, *O corpo fala:* a linguagem silenciosa da comunicação não verbal, 2015.
2. Ekman, O'Sullivan e Frank, "A Few Can Catch a Liar", 1999.
3. Archer, Dawn e Lansley, "Getting to the Truth: A Practical, Scientific Approach to Behaviour Analysis for Professionals", 2015.

3. O QUE É UMA ANÁLISE DE LINGUAGEM CORPORAL? [pp. 42-75]

1. Vrij et al., "Detecting Deceit via Analysis of Verbal and Nonverbal Behavior", 2000; Archer e Lansley, "Public Appeals, News Interviews and Crocodile Tears: An Argument for Multi-Channel Analysis", 2015.
2. Mann et al., "Windows to the Soul? Deliberate Eye Contact as a Cue to Deceit", 2012; Wiseman et al., "The Eyes Don't Have It: Lie Detection and Neuro-Linguistic Programming", 2012.
3. Gottman, *What Predicts Divorce?* The Relationship Between Marital Processes and Marital Outcomes, 2014.

5. AS MICROEXPRESSÕES FACIAIS PODEM MOLDAR NOSSA DECISÃO [pp. 98-165]

1. Vrij et al., "Detecting Deceit via Analysis of Verbal and Nonverbal Behavior", 2000.
2. Weil e Tompakow (*O corpo fala*, 2015), bem como a biblioteca de interpretações não verbais de Kasia e Patryk Wezowski (*Without Saying a Word: Master the Science of Body Language and Maximize Your Success*, 2018).
3. Wezowski e Wezowski, *Without Saying a Word:* Master the Science of Body Language and Maximize Your Success, 2018, p. 75.
4. Wezowski e Wezowski, *Without Saying a Word:* Master the Science of Body Language and Maximize Your Success, 2018, p. 93.
5. Guerrero e Afifi, *Close Encounters: Communication in Relationships*, 2010.

7. NOMES, APELIDOS E ESTILOS VERBAIS [pp. 179-86]

1. Carmody e Lewis, "Brain Activation When Hearing One's Own and Others' Names", 2006.

9. POUCAS PALAVRAS [pp. 196-215]

1. Ver: <www.rainsalestraining.com/blog/how-do-you-build-rapport-with-customers>. Acesso em: out. 2021.
2. Sugawara et al., "Social Rewards Enhance Offline Improvements in Motor Skill", 2012. Ver também DiSalvo, "Study: Receiving a Compliment has Same Positive Effect as Receiving Cash", 2012.
3. McCammon, *Works Well with Others:* Shaking Hands, Shutting Up, and Other Crucial Skills in Business That No One Ever Teaches You, 2016.

10. "COLADINHOS": UM ESTUDO SOBRE PROXÊMICA [pp. 216-26]

1. Lima et al., "Comunicação entre acadêmicos de enfermagem e clientes com aids", 2011.

11. APERTOS DE MÃO [pp. 227-34]

1. Ver: <www.history.com/news/what-is-the-origin-of-the-handshake>. Acesso em: out. 2021.

12. TRANSMITINDO CONFIANÇA E SEGURANÇA [pp. 235-43]

1. Ver: <https://hbr.org/2017/04/6-ways-to-look-more-confident-during-a-presentation>; Wezowski e Wezowski, *Without Saying a Word: Master the Science of Body Language and Maximize Your Success*, 2018.

13. APERTO DE MÃO CORRETO? POSTURA CORRETA? [pp. 244-54]

1. Ver: <oglobo.globo.com/brasil/policiais-rodoviarios-federais-impedem-suicidio-em-rodovia-na-bahia-17511846>. Acesso em: out. 2021.

14. ANÁLISE FACIAL NA TOMADA DE DECISÕES [pp. 255-84]

1. Ver: <en.wikipedia.org/wiki/Sylvester_Antolak>. Acesso em: out. 2021.
2. Chauvel e Goulart, "Como gerar valor para os clientes por meio dos Serviços de Atendimento ao Consumidor: O que mostram as pesquisas", 2007.
3. Gabriel, Pelissari e Oliveira, "Relacionamento com clientes do setor farmacêutico em Vitória-es: Uma análise dos impactos do nível de serviço esperado e ofertado na fidelização dos clientes", 2014.

Bibliografia

ANOLLI, L.; CICERI, R. "The Voice of Deception: Vocal Strategies of Naive and Able Liars". *Journal of Nonverbal Behavior*, v. 21, pp. 259-84, 1997.

ARCHER, Dawn; LANSLEY, Cliff. "Public Appeals, News Interviews and Crocodile Tears: An Argument for Multi-Channel Analysis". *Corpora*, v. 10, pp. 231-58, 2015.

CARMODY, Dennis P.; LEWIS, Michael. "Brain Activation When Hearing One's Own and others' names". *Brain Research*, v. 1116, n. 1, pp. 153-8, out. 2006.

CARNEY, D. R.; CUDDY, A. J. C.; YAP, A. J. "Power Posing: Brief Nonverbal Displays Affect Neuroendocrine Levels and Risk Tolerance". *Psychological Science*, v. 21, n. 10, pp. 1363-8, 2010.

CHAUVEL, Marie Agnes; GOULART, Vânia Cianni. "Como gerar valor para os clientes por meio dos Serviços de Atendimento ao Consumidor: O que mostram as pesquisas". *Cadernos EBAPE.BR*, v. 5, n. 4, pp. 1-16, dez. 2007.

DAMÁSIO, António. *O erro de Descartes:* Emoção, razão e o cérebro humano. São Paulo: Companhia das Letras, 2012.

DARWIN, Charles. *A expressão das emoções no homem e nos animais*. São Paulo: Companhia das Letras, 2009.

DISALVO, David. "Study: Receiving a Compliment Has Same Positive Effect as Receiving Cash". *Forbes*, 9 nov. 2012. Disponível em: <www.forbes.com/sites/david-disalvo/2012/11/09/study-receiving-a-compliment-has-same-positive-effect-as--receiving-cash/?sh=3d335e896007>. Acesso em: set. 2021.

EKMAN, Paul. "Body Position, Facial Expression, and Verbal Behavior During Interviews". *Abnormal and Social Psychology*, v. 68, n. 3, pp. 295-301, 1964.

_____. "Universal Facial Expressions of Emotions". *California Mental Health Research Digest*, v. 8, n. 4, pp. 151-8, 1970.

_____. "Universals and Cultural Differences in Facial Expressions of Emotions". In: COLE, J. (Org.). *Nebraska Symposium on Motivation*. Lincoln, NB: University of Nebraska Press, 1972. pp. 207-82.

_____. "Movements with Precise Meanings". *Journal of Communication*, v. 26, n. 3, pp. 14-26, 1976.

_____. *Why Kids Lie?* How Parents Can Encourage Truthfulness. Nova York: Penguin, 1991.

EKMAN, Paul. "Silvan Tomkins and facial expression". In: TOMKINS, S.; SMITH, B. *Exploring Affect: The Selected Writings of Silvan S. Tomkins*. Org. de E. Demos. Cambridge: Cambridge University Press, 1995. (Studies in Emotion and Social Interaction, pp. 209-14.)

_____. *Telling Lies: Clues to Deceit in the Marketplace, Politics, and Marriage*. Nova York: W. W. Norton, 2009.

_____. *A linguagem das emoções*. São Paulo: Lua de Papel, 2011.

EKMAN, Paul; FRIESEN, Wallace V. "Constants Across Cultures in the Face and Emotion". *Journal of Personality and Social Psychology*, v. 17, n. 2, pp. 124-9, 1971.

_____. "Hand Movements". *Journal of Communication*, v. 22, pp. 353-74, 1972.

EKMAN, Paul; FRIESEN, Wallace; HAGER, Joseph. *Facial Action Coding System — The Manual on CD-ROM*. A Human Face, 2002.

EKMAN, Paul; O'SULLIVAN, M.; FRANK, M. G. "A Few Can Catch a Liar". *Psychological Science*, v. 10, n. 3, pp. 263-6, 1999.

GABRIEL, Mikaelli Orlande; PELISSARI, Anderson Soncini; OLIVEIRA, Marcos Paulo Valadares de. "Relacionamento com clientes do setor farmacêutico em Vitória--es: uma análise dos impactos do nível de serviço esperado e ofertado na fidelização dos clientes". *REAd. Revista Eletrônica de Administração*, Porto Alegre, v. 20, n. 1, pp. 64-89, 2014.

GUERRERO, Laura K.; ANDERSEN, Peter A.; AFIFI, Walid. *Close Encounters: Communication in Relationships*. Thousand Oaks: Sage, 2010.

GOTTMAN, John. *What Predicts Divorce?: The Relationship Between Marital Processes and Marital Outcomes*. Nova York: Psychology Press, 2014.

HAGGARD, E. A.; ISAACS, K. S. "Micromomentary Facial Expressions as Indicators of Ego Mechanisms in Psychotherapy". In: *Methods of Research in Psychotherapy*. Boston, MA: Springer, 1966. (The Century Psychology Series.)

HURLEY, C.; FRANK, M. G. "Executing Facial Control During Deception Situations". *Journal of Nonverbal Behavior*, v. 35, pp. 119-31, 2011.

KAMINSKI, J. et al. "Human Attention Affects Facial Expressions in Domestic Dogs". *Scientific Reports*, v. 7, n. 1, p. 12914, 2017.

KONNIKOVA, Maria. *Mastermind: How to Think Like Sherlock Holmes*. Nova York: Penguin, 2013.

LANSLEY, C. A. *Getting to The Truth: A Practical, Scientific Approach to Behaviour Analysis for Professionals*. MR, 2017.

LIMA, Ivana Cristina Vieira de et al. "Comunicação entre acadêmicos de enfermagem e clientes com Aids". *Revista da Escola de Enfermagem da USP*, v. 45, n. 2, pp. 426-32, 2011.

MANN, Samantha et al. "Windows to the Soul? Deliberate Eye Contact as a Cue to Deceit". *Journal of Nonverbal Behavior*, v. 36, pp. 205-15, 2012.

MEYER, Pamela. *Detector de mentiras: Técnicas de interpretação da linguagem corporal e da fala*. São Paulo: Vozes Nobilis, 2017.

SPORER, Siegfried L. "Deception and Cognitive Load: Expanding our Horizon with a Working Memory Model". *Frontiers in Psychology*, v. 7, p. 420, 2016.

SUGAWARA, Sho K. et al. "Social Rewards Enhance Offline Improvements in Motor Skill". *PLoS ONE*, v. 7, n. 11, p. e48174, 2012.

TEN BRINKE, L.; PORTER, S.; BAKER, A. "Darwin the Detective: Observable Facial Muscle Contractions Reveal Emotional High-Stakes Lies". *Evolution and Human Behavior*, v. 33, n. 4, pp. 411-6, 2012.

VRIJ, A. et al., "Detecting Deceit via Analysis of Verbal and Nonverbal Behavior". *Journal of Nonverbal Behavior*, v. 24, pp. 239-63, 2000.

WEIL, Pierre; TOMPAKOW, Roland. *O corpo fala:* A linguagem silenciosa da comunicação não verbal. 74. ed. São Paulo: Vozes, 2015.

WEZOWSKI, Kasia; WEZOWSKI, Patryk. *Without Saying a Word: Master the Science of Body Language and Maximize Your Success.* AMACOM, 2018.

WISEMAN, R. et al. "The Eyes Don't Have It: Lie Detection and Neuro-Linguistic Programming". *PloS one*, v. 7, n. 7, 2012. Disponível em: <https://doi.org/10.1371/journal.pone.0040259>. Acesso em: set. 2021.

Créditos das imagens

p. 25: Paul Ekman Group.

pp. 30-1: Ekman, P., Friesen, W. V. e O'Sullivan, M. "Smiles when lying". *Journal of Personality and Social Psychology*, v. 54, n. 3, pp. 415 e 417, 1988.

p. 32 (abaixo): Roger Shepard.

pp. 57, 238, 241, 243, 264, 280: Vitor Santos.

pp. 81, 84, 86, 88-9, 91, 93, 95, 97, 113-4, 116, 118, 121, 124, 126, 129-30, 134, 137-9, 141, 143, 145-7, 161-5, 210-1, 215, 239-40, 242, 252: Vinicius Santos.

p. 90: Pictorial Press Ltd/Alamy/Fotoarena.

pp. 99-107, 149-54, 156-9: Nathan Palatin.

p. 110: Wezowski, Kasia e Wezowski, Patryk. *Without saying a word*. HarperCollins Leadership, 2018, pp. 75 e 93.

pp. 228-33: Letícia Bossa.

TIPOGRAFIA Adriane por Marconi Lima
DIAGRAMAÇÃO Osmane Garcia Filho
PAPEL Pólen Natural, Suzano S.A.
IMPRESSÃO Gráfica Bartira, janeiro de 2023

A marca FSC® é a garantia de que a madeira utilizada na fabricação do papel deste livro provém de florestas que foram gerenciadas de maneira ambientalmente correta, socialmente justa e economicamente viável, além de outras fontes de origem controlada.